Historia del Derecho

EL SABER Y
LA CULTURA

340.09
P974r Eyzaguirre, Jaime, 1908-1968.
Historia del Derecho / Jaime Eyzaguirre.
1ª reimp. de la 21ª ed.– Santiago de Chile: Universitaria, 2025.
221, [12] p.: mapas; 11,5 x 18,2 cm. – (El saber y la cultura)
Índice: p. [213-221]
Bibliografía: p. 204-[212]

ISBN Impreso: 978-956-11-2953-5
ISBN Digital: 978-956-11-2954-2

1. Derecho - Historia. 2. Derecho - Historia- España.
3. Derecho - Historia - Chile
I. t.

Texto compuesto en tipografía *Baskerville MT Std* 9/11

Se terminó de imprimir esta 1ª reimpresión de la
VIGESIMAPRIMERA EDICIÓN
en los talleres de Productora Gráfica Andros Ltda.
Santa Elena 1955, Santiago de Chile, en febrero de 2025.

DIAGRAMACIÓN
Yenny Isla Rodríguez

PORTADA
Norma Díaz San Martín

CUBIERTA
Justiniano y sus ayudantes (detalle), del Gran Ciclo de mosaicos
de la Iglesia de San Vital, Rávena, h. 526-547. San Vitale, Rávena.

www.universitaria.cl

IMPRESO EN CHILE / PRINTED IN CHILE

Jaime Eyzaguirre

HISTORIA DEL DERECHO

EDITORIAL UNIVERSITARIA

Advertencia

Entre 1960 y 1967 Editorial Universitaria publicó, en forma de *Apuntes de Clases,* tres ediciones sucesivas de esta Historia del Derecho, de Jaime Eyzaguirre.

A pesar de tratarse de simples *Apuntes,* el autor corrigió y redactó de puño y letra la segunda y la tercera ediciones. Agotada esta última hace ya varios años, nos hemos decidido a publicarla en forma de libro a fin de responder a numerosos y reiterados pedidos del público, especialmente de los estudiantes de Derecho.

Editorial Universitaria

Santiago, noviembre de 1978.

INTRODUCCIÓN

1° Concepto de la Historia

Se entiende por historia el conjunto de hechos sociales del hombre, que tienen un encadenamiento causal e influyen en el desarrollo colectivo.

En el final del siglo pasado el alemán Bernheim señaló tres etapas fundamentales en el desarrollo de la Historiografía, que constituyen otras tantas formas de escribir la Historia: la historia narrativa, la pragmática y la genética.

La Historia narrativa atiende a la exposición de los hechos verificada en forma literaria. Se señala en la antigüedad a Heródoto como el primer cultivador de este género.

Posteriormente cobra importancia la Historia pragmática, que encuentra en Tucídides y en Polibio a sus iniciadores. Este tipo de historia pretende sacar enseñanzas del pasado y hacer del relato histórico una exposición de máximas morales.

Pero la historia no se eleva en realidad a la categoría de ciencia mientras no adopta la forma genética. El historiador intenta esta vez algo más que la simple narración de los hechos y la inducción de los mismos de máximas morales. Para él los acontecimientos son un todo orgánico, íntimamente ligado, cuya orientación o destino es necesario indagar. Nace de esta manera la Filosofía de la Historia (término difundido por Voltaire desde 1765 y ya usado en España en 1745 por el padre Enrique Flórez en su "Clave historial"), que intenta estudiar las causas que presiden el proceso histórico y la finalidad del mismo.

2° Concepto de la Historia del Derecho[1]

Dentro del amplio campo de la Historia, que abarca todos los sucesos pretéritos que han tenido influencia en el desarrollo colectivo, la Historia del Derecho se detiene a analizar el pasado jurídico, entendiendo por tal, no el estudio estático y aislado de algún código antiguo o de una determinada institución ya muerta sino el estudio dinámico de la idea del derecho y de sus realizaciones.

Reconociendo desde luego la existencia de un derecho filosófico, cabe advertir con el jurista español Recasens Siches que "el derecho no es la pura idea de la Justicia ni de las demás calidades de valor que aspire a realizar; es un ensayo –obra humana– de interpretación y realización de esos valores, aplicados a unas circunstancias históricas. Y, por tanto, el Derecho contiene elementos de esa realidad histórica".

El Derecho tiene, pues, fuera de su categoría filosófica, la de elemento de la cultura, y como tal necesita ser captado por medio de la historia. Ella nos indica el esfuerzo de los pueblos por realizar de la manera más acabada el ideal de justicia; nos muestra el origen, desarrollo y rectificación de las instituciones jurídicas; nos señala el derecho real, muchas veces opuesto al derecho legislado. Porque el derecho no es solo una teoría ni una ley positiva, sino una vida.

"El Derecho –ha dicho Theodor Sternberg–, precisamente porque es Derecho, aparece ora en contradicción, ora en armonía con lo histórico, pero siempre se ve obligado imprescindiblemente a referirse a ello". Así, aun en códigos de total inspiración racionalista como el Código Civil chileno se dispone como medio de interpretar una expresión oscura de la ley, acudir a la "historia fidedigna de su establecimiento" (Art. 19).

3° Sujeto y objeto de la Historia del Derecho

Sujetos de la Historia del Derecho son las personas naturales (hombres) y las personas jurídicas (corporaciones, fundaciones y sociedades).

Objeto de la Historia del Derecho es el conocimiento de los hechos del hombre que han influido en la génesis, desarrollo o extinción del derecho, de manera directa o indirecta. Así se incluyen entre estos hechos, las fuentes del derecho: ley, costumbre y jurisprudencia doctrinal y de los tribunales; las doctrinas de los filósofos del derecho; y las circunstancias ideológicas, políticas, económicas, etc., que han cooperado en el proceso histórico del derecho.

4° Divisiones de la Historia del Derecho

Se han empleado diversos criterios de división de la Historia del Derecho, dándose, por unos expositores, importancia decisiva al elemento histórico y, por otros, al elemento jurídico.

Ciñéndose a un criterio puramente histórico, se puede dividir la Historia del Derecho en Pre-Historia, Proto Historia e Historia.

Aplicando un criterio puramente jurídico, la división se puede hacer en Historia del Derecho Nacional e Internacional o Historia del Derecho Público e Historia del Derecho Privado.

Se han propuesto también otras dos clasificaciones que contemplan simultáneamente el criterio histórico y el jurídico: la de Historia interna y externa, y la de Historia general y especial.

De Leibniz (1646-1716) arranca la división de la Historia del Derecho en interna y externa. La primera abarca la historia del derecho propiamente dicho y la externa "es la historia de todo el movimiento social de un pueblo en tanto que las ideas y los hechos que lo constituyen se traducen en la legislación". Si se sustituye este último término (que restringe solo a la ley lo jurídico) por el de derecho (que incluye además la costumbre y la jurisprudencia) se logra al respecto un concepto exacto.

Esta distinción fue posteriormente desvirtuada, dándosele por algunos autores el nombre de Historia externa a la de las fuentes del Derecho y de interna a la de las instituciones jurídicas. Con esto se han introducido confusiones, pues no siempre resulta fácil deslindar ambos campos, como en el caso de la costumbre jurídica que es simultáneamente fuente e institución.

El historiador Brunner ha ideado otra clasificación. Para él, el derecho constituye un cuerpo, una unidad que se desarrolla totalmente y que aparte del desenvolvimiento del conjunto, presenta uno propio de cada uno de sus miembros: las instituciones. La Historia general del Derecho abarcaría de esta manera el desenvolvimiento de todo el organismo jurídico; y la Historia especial el de cada una de sus ramas o instituciones. Pero esta idea del conocimiento del derecho como un todo orgánico es vaga y oscura e introduce un concepto sociológico ajeno a la Historia del Derecho. Además, ¿qué se entiende por institución?, ¿dónde se estudiarían las fuentes jurídicas y los hechos no jurídicos que ayudan a la formación del Derecho?

Ninguna de estas divisiones propuestas ha de considerarse de manera absoluta y excluyente. El empleo y la combinación de ellas según las circunstancias es el más acertado criterio.

5° Relaciones entre la Historia del Derecho y otras ciencias

Por su doble contenido histórico y jurídico, la Historia del Derecho tiene contactos íntimos con numerosas ciencias similares.

En primer lugar, tiene ella relación con las ciencias auxiliares de la Historia: la lingüística, que estudia los idiomas; la paleografía, que descifra los documentos; la epigrafía, que interpreta las inscripciones; la numismática, que estudia las monedas y medallas; la heráldica, que estudia los escudos de armas, etc.

Tiene además relación la Historia del Derecho con las ciencias afines. Así guarda contacto con las diversas historias especiales: política, social, religiosa, filosófica, económica, literaria, etc.

Su vínculo es aún mayor con la Historia de la Literatura jurídica, que estudia las fuentes teóricas privadas; y con Etnología jurídica, que estudia la vida del derecho en los pueblos de cultura retrasada. La última proporciona valiosos elementos para conocer el caso de los pueblos indígenas americanos.

En cuanto a la Sociología, que estudia los hechos y las leyes que rigen la sociedad, preciso es no confundirla con la Historia del Derecho. Mientras la última busca lo individual en la vida del derecho, la Sociología persigue como motivo principal el conocimiento general. La Historia del Derecho se vale de lo general, del concepto, para determinar como fin lo individual. En tanto, la Sociología se sirve de lo individual como medio para llegar al concepto como fin.

6° Fuentes histórico-jurídicas

Von Schwering las ha definido como "todo fenómeno apreciable físicamente, que puede dar noticias de la esencia, suerte o contenido de un principio jurídico". Se denomina Heurística la ciencia que tiene por objeto el adecuado manejo, ordenación y depuración de las fuentes histórico-jurídicas.

Pueden clasificarse las fuentes en dos grandes grupos: inmediatas y mediatas. Las inmediatas ponen en contacto al investigador con el derecho, sea proporcionándoselo de una manera expresa por medio de códigos y disposiciones legales (fuentes directas), sea dándole a conocer ese mismo derecho a través de documentos que constituyen una muestra de cómo se le aplicó en la práctica en una época determinada (fuentes indirectas). Constituyen, en fin, fuentes mediatas de la Historia del Derecho las obras de los autores que se han ocupado de su estudio.

7° Nacimiento y desarrollo de la ciencia de la Historia del Derecho

Si bien es posible citar alguno que otro cultivador de la Historia del Derecho en la antigüedad, como Aristóteles en su obra *La Constitución de Atenas*, escrita hacia el año 324 a. C. o el *Enchiridion* del jurista romano Pomponio (siglo II), preciso es advertir que dicha ciencia nace y se desarrolla fundamentalmente en la Época contemporánea. No fue posible su desenvolvimiento en la Edad Media, porque el apego que los glosadores y primeros comentaristas demostraron por la letra de la antigua legislación de Justiniano les hizo vivir de espaldas al desarrollo histórico del Derecho. El derecho glosado o comentado fue para ellos la razón escrita, algo fijo, al margen de las vicisitudes del tiempo. Por un breve tiempo, en el Renacimiento, la Escuela Erudita, en Italia (Andrés Alciato y Jacobo Cujacio) y en Francia, realizó la interpretación de los textos de Justiniano a la luz de la filología y de la historia. Pero luego el racionalismo jurídico redujo toda la Historia del Derecho a una mera Historia de la legislación.

La reacción contra el racionalismo, que dio su mejor expresión jurídica en el Código de Napoleón de 1803, vino a producirse con el movimiento romántico que revaloró el sentimiento y la tradición histórica nacional. Este proceso, de gran proyección en el campo de las letras y de las artes, alcanza asimismo al derecho. Nace así la Escuela del Derecho en Alemania, alrededor de 1814, con las publicaciones de Federico Carlos von Savigny (1779-1861) y la fundación por él, Gustavo Hugo y otros de la *Revista de Historia del Derecho*. Según la Escuela, el derecho, como el lenguaje, es una evolución instintiva del "espíritu popular" (*Volkgeist*), que se capta con el estudio de las instituciones del pasado. A partir de este momento, la Historia del Derecho afianza y desarrolla su existencia como disciplina científica que adquiere personalidad independiente ante la Historia General y la Filosofía del Derecho.

Interesa señalar para los futuros estudios histórico-jurídicos hispanoamericanos, que el desenvolvimiento alcanzado por la nueva ciencia en Alemania iba a repercutir en España hasta crear allí una valiosa corriente de investigadores. En efecto, el español Eduardo de Hinojosa (1852-1919) pasó a formarse a los mejores centros de Alemania y de vuelta a su patria trajo el método de investigación allí dominante. Inició la publicación de una "Historia general del Derecho español" que alcanzó a abarcar solo hasta el periodo visigodo. Fue asimismo autor de "El elemento germánico en el derecho español" y de "Estudios de Historia del Derecho español", obra la última que agrupa diversas monografías, entre ellas una sobre "El Derecho en el Poema del Cid"[2].

A la tarea de investigador de Hinojosa hay que añadir la formación de un grupo de discípulos, entre los que ha descollado el medievalista Claudio Sánchez Albornoz. De este grupo partió en 1924 la idea de crear el *Anuario de Historia del Derecho español*; que se pública periódicamente. Figura en la actualidad entre sus directores Alfonso García Gallo, catedrático de la Universidad de Madrid, autor del más moderno "Manual de Historia del Derecho español" y de numerosas y valiosas monografías que abarcan también temas de historia del Derecho indiano.

Dentro del movimiento historiográfico chileno, que se inicia con pujanza en la mitad del siglo XIX, cabe encontrar ocasionales trabajos vinculados a temas de historia del Derecho. Los primeros son: *El servicio personal de los indígenas y su abolición*, de José Hipólito Salas (1848) y la *Memoria histórico-crítica del derecho público chileno*, de Ramón Briceño (1849). Con posterioridad José Toribio Medina publica diversas obras sobre el funcionamiento del Tribunal del Santo Oficio de la Inquisición en varios lugares de América. Pero en general los trabajos de esta etapa se elaboraron con un criterio casi exclusivamente histórico y no histórico-jurídico. Contribuyó, por otra parte, a detener el desarrollo de este tipo de estudios la interferencia que hizo la Sociología en los planes universitarios de Historia del Derecho, bajo la inspiración de Valentín Letelier, a quien se debieron dos importantes obras de esa orientación: *Génesis del Estado y sus instituciones* (1917) y *Génesis del derecho y sus instituciones fundamentales*. En ambas se aplica el criterio de la sociología evolucionista imperante en el siglo XIX en Europa, y que quedó totalmente sobrepasado con las investigaciones practicadas con el Método histórico-cultural de la Escuela de Etnólogos de Viena.

La reacción al anterior sistema y el trasplante a Chile de los métodos de investigación histórico-jurídicos, partió hacia 1935 del Seminario de Derecho Público de la Universidad de Chile, y encontró su eco en el Seminario equivalente de la Universidad Católica de Chile. Como resultado se orientó en ambos centros de estudio la confección de tesis universitarias sobre Historia del Derecho en Chile de preferencia dedicadas al periodo indiano.

En una y otra Universidad se han formado, con las más destacadas, útiles colecciones. Además, desde 1959 se publica por la Facultad de Ciencias Jurídicas de la Universidad de Chile la *Revista de Historia del Derecho*, y en la Universidad Católica el anuario *Historia*, que incluye temas de Historia del Derecho.

8° La formación del Derecho occidental

El Derecho chileno no es una creación autóctona, sino la adaptación de los principios jurídicos que han regido en el mundo occidental, a cuya cultura pertenece Chile. De ahí que la Historia del Derecho chileno no sea un proceso circunscrito a los límites exclusivos del territorio nacional, sino un fenómeno que arranca sus orígenes de Europa, que se prolonga en nuestro país y adquiere aquí un desarrollo y transformación condicionados por el medio y las necesidades locales.

El sistema jurídico occidental, que llegará hasta Chile, se origina por la conjunción de tres elementos formativos básicos: el derecho romano, el derecho canónico y el derecho germánico.

El Occidente antiguo encontró su unidad bajo el Imperio romano. Un mismo régimen político, una misma cultura y un mismo derecho rigieron en la Europa occidental. Es verdad que en un principio el derecho romano solo era aplicable a los que ostentaban la calidad de ciudadanos romanos; pero también lo es que a partir del año 212 se otorgó esta condición a todos los habitantes libres del Imperio. Aunque desaparecido el último en el siglo v, las nuevas nacionalidades que emergen de él cada vez más diferenciadas, heredarán las bases fundamentales del Derecho Romano.

Si bien la incorporación de los pueblos germánicos, con sus formas jurídicas propias, debilitará por algunos siglos su influencia, a partir del siglo xii se producirá un renacimiento en el estudio del Derecho romano que inspirará básicamente la elaboración en la centuria siguiente del código de las Siete Partidas en España, y mucho después, en la edad moderna, la redacción del código francés de 1803. Uno y otro tendrán gran influencia en la generación del Código Civil chileno de 1855.

El advenimiento del cristianismo y su triunfo público desde el edicto de tolerancia religiosa de Constantino en 312, dan a la Iglesia Católica un sitio de importancia en la sociedad occidental. Para su reglamentación interna la Iglesia se dicta un conjunto de normas jurídicas que constituirán el llamado Derecho canónico. El alcance moral de algunas de sus disposiciones, como también su perfección técnica, influirán en la legislación secular. El derecho de familia y el derecho procesal de occidente son tributarios del Derecho canónico desde los tiempos medievales. En los albores de la edad moderna es fuerte la participación eclesiástica en la gestación del Derecho Internacional y del Derecho del trabajo.

A partir del descubrimiento y colonización de América, se recepciona en este continente el Derecho occidental a través de su versión española. Junto a este sistema jurídico de típica extracción europea se irá desarrollando un derecho especial para las Indias –el llamado Derecho Indiano– derivado de las circunstancias propias de la realidad americana. La gran masa indígena del continente continuará regida por sus propias costumbres jurídicas, las cuales en más de una ocasión serán incorporadas y adaptadas al Derecho Indiano de vigencia más amplia. Desde la emancipación de las naciones hispanoamericanas ocurrida en el primer tercio del siglo XIX, se abre camino el liberalismo que encuentra pleno cauce de expresión en el Derecho constitucional y en general la influencia jurídica francesa en el Derecho privado, A ella irán sumándose los influjos norteamericanos y, posteriormente, alemanes.

El derecho chileno resulta así, como el de los demás países americanos, un derecho esencialmente histórico y no un sistema estático y abstracto. Sus raíces fundamentales son españolas, sin perjuicio del valioso tributo que en el correr del tiempo le proporcionarán otros sistemas jurídicos que, en todo caso, son de estirpe occidental.

9° Periodos de la Historia del Derecho chileno

La Historia del Derecho chileno es una parcela de la Historia nacional y como tal se inicia, conjuntamente con ella, con el advenimiento de la cultura española al territorio. Antes de la llegada de Pedro de Valdivia y sus compañeros, el territorio actual de Chile carecía de unidad política y cultural. Solo desde 1541 se puede hablar verdaderamente de historia de Chile.

Tratándose de la Historia del Derecho es posible distinguir dos periodos fundamentales: el Periodo Indiano y el Periodo Nacional o Patrio.

a) Periodo Indiano

Abarca los siglos del régimen español (1541-1810). Chile se incorpora durante esta época, como unidad, en la vasta monarquía indiana. Tres son los elementos constitutivos del derecho en esta época: el indígena, el especial para Indias y el español.

El derecho indígena es de origen peruano y autóctono. Parte se conserva en la costumbre y parte es objeto de recepción en el Derecho Indiano. Su aportación resulta en conjunto ínfima.

El derecho especial para Indias –llamado específicamente Derecho Indiano– aunque genéricamente se da también este nombre al sistema total imperante en América se origina por las disposiciones dictadas por las autoridades metropolitanas y territoriales, como también por las costumbres jurídicas y las transformaciones experimentadas por el derecho legislado en contacto con la realidad chilena.

El derecho español –concretamente el castellano– rige como subsidiario del derecho especial para las Indias y como tal ampliamente en materias privadas y penales, apenas tocadas por este. Es además el derecho castellano el padrón sobre el que se elabora el derecho especial para Indias, por lo que su conocimiento es previo al estudio del último.

b) Periodo Nacional o Patrio

Se inicia con el proceso de la independencia de Chile a partir de 1810.

Desde el punto de vista del derecho político hay que distinguir en él dos etapas: la primera abarca de 1810 a 1833 y es una época de ensayos constitucionales y políticos; la segunda comienza en 1833 con la dictación de la Constitución Política de este año y corresponde a la República jurídicamente constituida. En ambas etapas se recepciona de manera amplia el derecho público francos, inglés y norteamericano.

Desde el punto de vista de las demás ramas del derecho, en especial el civil, el comercial, el minero, el penal, hay que distinguir asimismo dos etapas: la época de formación del derecho patrio y la época de codificación.

La época de formación comprende los años 1810 a 1857 y en ella sigue rigiendo el derecho español en las ramas anteriormente indicadas. Además se dicta una nueva legislación y se prepara la codificación del derecho nacional.

La época de codificación se inicia con la vigencia desde 1857 del Código Civil y se prolonga en nuestros días.

HISTORIA DEL DERECHO ESPAÑOL

Introducción

1° Características de la historia del Derecho Español[3]

La historia del Derecho Español presenta el encadenamiento de varios factores totalmente diversos, cuyo punto de unión descansa en el ámbito territorial común en que les ha correspondido actuar. Lo que hoy llamamos derecho español es el resultado de un lento y trabajoso desarrollo a través de los siglos, en los que han ido recibiéndose los aportes jurídicos de los diversos pueblos que se han radicado sucesivamente en la península y, asimismo, las influencias ideológicas llegadas hasta ellas desde el exterior. La historia de este derecho resulta así por demás compleja, ya que, antes de poder proporcionar la sustancia del derecho genuinamente hispánico, ha de emprenderse el estudio de los diversos sistemas jurídicos que han intervenido en su formación.

De esta manera en la historia del Derecho Español han de apreciarse el sedimento jurídico que dejan los pueblos que habitaron la península antes de la invasión romana, la influencia de esta última y prolongada dominación, como también las de las sucesivas invasiones goda y musulmana. Asimismo han de comprobarse las proyecciones del cristianismo y del elemento judío, los efectos del renacimiento medieval del derecho romano y la influencia francesa en los siglos XVIII y XIX. El Derecho español que nace y se desarrolla como resultado de estos influjos y que se trasplantará a América y, concretamente, a Chile, no es pues un sistema estático sino fluido y variable, en suma, esencialmente histórico.

2° División de la historia del Derecho Español

Para la más adecuada sistematización de la historia del Derecho Español se dividirá esta en diversos periodos, ateniéndose tanto a la periodificación histórica general como a las características jurídicas de cada etapa.

1) Edad Antigua: la Romanización y Cristianización de España (218 a. C. 409)

Con la invasión romana y la subsiguiente dominación política se inicia España como unidad histórica, antes desintegrada en numerosos grupos tribales (iberos, celtas, tartesos), y colonias más o menos periféricas (fenicios, griegos, cartagineses). Con Roma llega la cultura unificadora y en un proceso lento pero firme se recepciona el derecho de la metrópoli, el cual incorporará algunos elementos indígenas y experimentará algunas adaptaciones al medio peninsular originando así el llamado Derecho romano vulgar. También en esta etapa se recibirá el Cristianismo, que, junto con realizar la unidad espiritual y religiosa de España, generará un nuevo derecho, el llamado Derecho Canónico.

2) Temprana Edad Media: la aportación germánica (400-711)

En este periodo llegan a la península diversos grupos germánicos, el principal de los cuales, el pueblo visigodo, acabará dominando todo el territorio. Aunque el Derecho romano sigue oficialmente imperando, las costumbres germánicas se mantendrán vivas y robustecerán las subsistentes de los pueblos primitivos prerromanos que las tienen afines.

3) Alta Edad Media: La formación del Derecho castellano-leonés (711-1217)

El periodo se inicia con la invasión musulmana en la península en 711 y se cierra con el advenimiento al trono de Castilla en

1217 de Fernando III. En el orden político es una época en que se quebranta la unidad nacional y emergen diversos Estados musulmanes unos, cristianos otros. Entre los últimos, Castilla abrirá camino lento a la reunificación. En el orden jurídico predominará la variedad y dentro de ella la forma consuetudinaria del derecho, de raíz primitiva, romano vulgar y germánico.

4) Baja Edad Media: la recepción del Derecho común (1217-1474)

En esta época se tiende a la unificación jurídica, prevaleciendo como fuente la ley sobre la costumbre. Además los estudios realizados en Italia del derecho romano de Justiniano y del derecho Canónico pontificio originarán un sistema racional y armónico llamado Derecho común, que se recepciona en España e influye poderosamente en la legislación (Siete Partidas) y en la obra de los jurisconsultos (Jacobo, Fernando Martínez).

5) Edad Moderna: la plenitud y expansión del Derecho español (1474-1812)

El periodo se inicia con el reinado de Fernando e Isabel, que abre paso a la gran expansión política española, y se clausura en 1812 con la reunión de las Cortes de Cádiz. En esta época el derecho castellano ya consolidado se amplía, se recopila y se expande al resto de la península y a las Indias.

PRIMERA PARTE

Edad antigua

Romanización y cristianización de España

(218 a. C. 409)

Con este periodo se inicia la historia española. España adquiere por primera vez unidad política y cultural. Esta unidad se configura a través de dos elementos: la cultura romana y la religión cristiana.

I. La romanización[1]

1° La conquista de España por Roma

Hasta la penetración de los romanos en España, que ocurre el año 218 a. C. la península ha sufrido diversas invasiones, sea a través de los Pirineos desde el resto de Europa, sea desde el África. Celtas de origen indoeuropeo; iberos de origen africano y emparentados con los actuales bereberes; tartesos de posible procedencia del Asia Menor, forman el sustrato básico de la población peninsular distribuida inorgánicamente en tribus. En reducido número colonizan las costas del Mediterráneo los fenicios y los griegos. En un afán expansivo Cartago, rival de Roma, invade España. En ella se va a desarrollar la gran lucha entre las dos potencias antagónicas. El desembarco de las legiones romanas el año 218 a. C., al mando de Cneo Escipión, marca el comienzo de la guerra en España y de la progresiva incorporación de esta al mundo romano. Derrotados los cartagineses y expulsados del territorio con la ayuda de tribus indígenas, estas inician una larga resistencia contra el nuevo dominador, a base de guerrillas incesantes. En la prolongada lucha hay episodios de relieve como la rebelión de las tribus lusitanas entre los años 154 y 138 a. C., encabezadas por Viriato, que termina con el asesinato del jefe, obtenido por la traición y el soborno; y el alzamiento de Numancia, ciudad cuyos habitantes prefirieron sepultarse en las llamas antes que capitular (133 a. C.). La etapa final en esta guerra de siglos la constituye la rebelión en el norte de los cántabros y astures. El emperador Augusto pasa en persona a la península para reprimirla, lo que se logra el año 19 a. C. Desde entonces España se transforma en "provincia pacata" o tranquila, y entra en una fase de total romanización.

2° La romanización jurídica

a) Hasta el triunfo romano, Hispania, como la llamaban ellos, no era más que un nombre geográfico. Jamás había tenido ella ni unidad política, ni unidad cultural, ni unidad jurídica. A Roma se debe el que España adquiera un sentido orgánico. Por eso solo desde entonces se puede hablar de Historia de España.

Pero preciso es advertir que la romanización jurídica de España no coincidió con la dominación política impuesta a la península. Lejos de ser un fenómeno instantáneo y violento, la penetración del derecho romano no destruyó las normas jurídicas indígenas. Es necesario recordar que el derecho civil romano era un privilegio al cual solo podían acogerse los que tenían ciudadanía romana, y como esta no era un beneficio universal del que gozaran los provinciales sin una particular concesión, fácil es comprender que el derecho dominante en España debía ser el antiguo derecho de los diversos grupos indígenas.

La circunstancia de haber penetrado lentamente el derecho romano en España, por los medios que se indicarán enseguida, debían permitir que influyeran sobre este las normas jurídicas autóctonas y que al imponerse sobre la península como derecho único, no se presentara con su pureza inicial sino hondamente modificado por las condiciones locales. El profesor Juan Beneyto ha comparado la generación de este derecho romano vulgar con la de las lenguas romances. "Lo que estas fueron, dice, en relación con el latín, debió ser el derecho romano vulgar, provincial o regional que del derecho romano típico se había formado".

b) Las primeras medidas romanas en España tienen un carácter político. Se pueden señalar entre ellas la división de la península, en 197 a. C., en dos provincias: Hispania Citerior e Hispania Ulterior, y la posterior división dada por Augusto el año 23, consolidada ya la conquista, en tres provincias: Tarraconense, Lusitania y Bética. Asimismo cae en esta misma línea la concesión para España después de la destrucción de Numancia (133 a. C.), de la llamada *Lex* o *Formula Provinciae,* por la que se reglaba la administración del territorio.

Pero aparte de estas medidas, que entrañaban más un propósito de dominación política que un directo intento de romanización jurídica, es preciso señalar algunas circunstancias que ayudaron eficazmente a este último resultado. La acción bélica de la conquista debía contribuir, en primer término, a crear contacto y recíproca infuencia entre invasores e invadidos. Se fundan por los romanos campamentos militares y colonias habitadas por ciudadanos emigrados de la metrópoli o soldados retirados del servicio. Los tratados que Roma celebraba con las tribus o ciudades sometidas en muchos casos traían como consecuencia el enganchamiento de indígenas a manera de auxiliares de las legiones. Algunos se unieron a los romanos por el vínculo de la clientela militar. En recompensa de servicios personales se concedió a muchos españoles el *ius latii,* o la ciudadanía romana, como asimismo el carácter de ciudades latinas o romanas a diversas poblaciones indígenas, todo lo cual obligó a sus habitantes a familiarizarse con el derecho de la metrópoli.

c) Fuera de estas concesiones individuales y aisladas del *ius latii* o de la ciudadanía plena, a personas y a ciudades indígenas, se darán más tarde dos pasos importantes de carácter general.

El primero se debe a Vespasiano, quien alrededor del año 74 otorgó a todos los habitantes de España el *ius latii.* La forma de este fue la del *ius latii minus* o derecho latino colonial, que otorgaba a sus beneficiarios la capacidad jurídica solo para lo concerniente al régimen de bienes (*ius commerci*), a diferencia del *ius latii vetus* de la metrópolis, que la extendía también al régimen matrimonial (*ius connubi*). Además el *ius latii* concedido fue un medio para que adquirieran la ciudadanía romana los magistrados de las ciudades latinas (duumviros, ediles y cuestores) al cabo de un año de servicio.

El segundo paso, mucho más trascendental, fue el edicto denominado *Constitución Antoniniana* del año 212, por el que Caracalla concedió la ciudadanía romana a todos los hombres libres del imperio. Desde este momento quedaron derogados oficialmente los derechos indígenas y desapareció la antigua distinción entre ciudades indígenas y ciudades romanas, fuesen estas regidas por el derecho latino o por el derecho romano pleno.

División Administrativa de España ordenada por Augusto.

3° El Derecho romano vulgar

a) Entre las fuentes del derecho romano, la costumbre fue adquiriendo cada vez más importancia. En el Alto Imperio, bajo Adriano (117-138), el jurista Salvio Juliano elaboró la teoría sobre la costumbre y le concedió valor aun contra ley. El no uso por tácito

División administrativa de España desde Dioclesiano. 284.

consentimiento podía derogar la ley. El robustecimiento de la autoridad imperial, a partir de Dioclesiano, con el que se inicia en 284 el Bajo Imperio, trajo consigo una restricción en el valor de la costumbre. Se reconoce valor solo a la costumbre conforme a la ley. Así se consigna en el Código Teodosiano (438) y a través de él pasará la doctrina al cuerpo de leyes denominado Breviario de Alarico, del periodo histórico siguiente (506). No obstante los esfuerzos oficiales para limitar la costumbre, ella se desborda y encuentra su forma de expresión en el llamado Derecho romano vulgar.

b) Aunque a partir de Caracalla el derecho romano rige oficialmente como único en España y en todo el imperio, en la práctica sufre modificaciones y adaptaciones en cada región del mismo. Las circunstancias locales eran muy diversas y resultó así difícil poder adaptar a ellas un derecho foráneo. En las ciudades, donde la cultura romana florecía ampliamente, era posible aplicar este derecho; pero no así en los campos, donde subsistían las costumbres indígenas. Además la realidad local originaba problemas jurídicos que el derecho romano no había previsto. El Derecho romano fue provincializándose y adaptándose a las necesidades locales, originando así un sistema nuevo que se ha denominado "Derecho romano vulgar".

Dada la actitud esencialmente práctica que se asume, se fueron dejando de mano los escritos de los grandes juristas de la época clásica, y se prefirió hacer de ellos extractos o epítomes, en particular de la obra de Gayo. Asimismo se redactaron "interpretaciónes" de las leyes, las que en muchos casos alteraron su espíritu.

Max Kaser señala entre las notas distintivas del Derecho romano vulgar la confusión entre la simple apariencia jurídica y el derecho mismo, como ocurre entre la posesión y el dominio; el predominio en las soluciones jurídicas del elemento moral sobre los principios lógicos del derecho; el triunfo del pragmatismo sobre las normas elaboradas por los juristas clásicos. "El origen de estas categorías jurídicas a científicas hay que ir a buscarlo, primeramente, en el vulgus, esto es, en la masa del pueblo no formada en la especialidad del Derecho", pero también en los peritos del Derecho. "Esta relación del Derecho vulgar específico con la práctica es, al mismo tiempo, compatible con el hecho de que las fuentes más importantes y típicas para el conocimiento del Derecho romano vulgar puedan haber sido redactadas, más que por asesores subalternos, por profesores para principiantes en los estudios del Derecho". Baste recordar al respecto el epítome de Gayo y las "interpretaciones" a las Constituciones imperiales reunidas en los Códigos Gregoriano, Hermogeniano y Teodosiano.

c) Como ejemplos de instituciones de derecho romano vulgar en España pueden citarse dentro del derecho de familia la llamada "ley del ósculo" y dentro del derecho patrimonial la vinculación de un predio.

La "ley del ósculo" se conoce a través de una Constitución de Constantino dada en 336 en respuesta a una consulta de Tiberiano, vicario de España, que se refiere al destino de las donaciones esponsalicias cuando no se realiza el matrimonio. Según dicha constitución, si el donante fue el esposo y muriere, la esposa, en caso de haber mediado ósculo, podía retener la mitad y si no lo hubo, debía restituir los bienes a los herederos del difunto. En cambio, si el donante fue la esposa, a su muerte, haya o no precedido ósculo, los bienes recaen en los herederos.

En una inscripción en piedra del siglo II o III, encontrada en Tarragona, se establece la vinculación de un predio. Unos ciudadanos romanos construyeron un sepulcro en un terreno que entregan a cuatro libertos, prohibiéndoles su enajenación y disponiendo que a la muerte de estos pase el inmueble a sus descendientes por línea agnaticia o a libertos de los donatarios.

II. La cristianización

1° La aparición del cristianismo

El hecho espiritual de más trascendencia ocurrido en el mundo romano fue la aparición del cristianismo. Su fundador, Jesús de Nazaret, rompe con su predicación la barrera de los cultos nacionales, abre camino a la creencia en la común paternidad divina de todos los hombres; hace de la caridad o amor el vínculo de salvación; y echa las bases de una comunidad o Iglesia, llamada a difundir y tutelar su doctrina.

Jesús, llamado el Cristo o Enviado, nace en Judea seis o siete años antes de la era que lleva su nombre, comienza su predicación a los treinta años de edad y es ajusticiado poco después. La desaparición de la historiografía romana del siglo I de la era cristiana no permite disponer de datos contemporáneos a este hecho a través de los cronistas del imperio. Pero las "Historias" de Plinio el Viejo, que había formado parte del Estado mayor de Tito en la guerra contra los judíos el año 70, fueron aprovechadas por Tácito en sus célebres "Anales" escritos hacia 116, en los que narra la difusión del cristianismo y dice que su fundador, Cristo, "fue castigado a muerte por el procurador Poncio Pilato, en el reinado de Tiberio". El "Talmud de Babilonia", que recoge la tradición oral de la Sinagoga judía, añade otros datos precisos; fija la ejecución de Jesús la víspera de la fiesta de Pascua y da como motivo de la condena "haber seducido y engañado a Israel con sus encantamientos", es decir, haber hecho cosas prodigiosas que impresionaban y atraían al pueblo. Todos estos antecedentes de origen romano y judío coinciden con los que de manera amplia narran contemporáneos de Cristo en cuatro relatos: el Evangelio de Mateo, uno de los doce Apóstoles de Cristo, escrito antes del año 64; el Evangelio de Marcos, compañero del apóstol Pedro en su predicación en Roma, escrito entre los años 60 y 70; el Evangelio de Lucas, médico de Antioquia y compañero del apóstol Pablo, escrito por el año 62; y el Evangelio de Juan, apóstol directo de Jesús, escrito en Efeso alrededor del año 100.

2° Expansión del cristianismo en España

Después de la muerte de Jesús los apóstoles se diseminaron por el Imperio predicando el Evangelio o buena nueva y rindiendo su vida como testimonio de su palabra. Una antigua tradición, que remonta al siglo VII, señala al apóstol Santiago como el primero que llevó a España la fe cristiana. Pero esta tradición no es posible documentarla con testimonios de la época. En cambio puede afirmarse sobre base segura que proporcionan documentos de los siglos I y II, que visitó la península el apóstol Pablo.

La difusión de la nueva fe encontró desde el principio grandes obstáculos, en primer lugar porque sus ideales religiosos y morales chocaban con los principios en boga y, además, porque los cristianos, al negarse a rendir culto a los dioses paganos y concretamente al emperador, aparecieron como enemigos del Estado.

La persecución a los cristianos fue particularmente violenta en tiempos de Nerón, Domiciano, Trajano, Decio y Diocleciano (300-311). Cesó este estado con un edicto del año 311 por el que el emperador Galerio reconoció a la Iglesia como sociedad lícita. En 312 Constantino prohibió, mediante una constitución dictada en Milán, que la nueva religión fuese perseguida y posteriormente concedió libertad de culto a los cristianos. La rápida expansión del nuevo credo y la desaparición gradual de los antiguos cultos paganos, trajeron consigo un paso final de trascendencia: la declaración del emperador Teodosio en 390 del Cristianismo como religión oficial del Imperio.

3° Organización de la Iglesia

A la cabeza de la Iglesia está el Papa u Obispo de Roma, con plena autoridad en asuntos dogmáticos. Los Obispos son elegidos por el pueblo y el clero, y más tarde por los Obispos coprovinciales. El territorio de jurisdicción del Obispo se llama diócesis. Después se fundan en él las parroquias.

La necesidad de mantener la unidad y pureza de la fe dio origen a frecuentes reuniones de los jefes de las comunidades cristianas que tomaron el nombre de Concilios de la institución romana de los *Concilium provinciae* que tenían a cargo, entre otras cosas, vigilar el culto del emperador. Hay concilios ecuménicos, provinciales y nacionales.

La Iglesia española celebró también Concilios, entre los que merecen señalarse el de Ilíberis o de Elvira (cerca de Granada), en 303, que condenó la subsistencia entre los bautizados de diversas costumbres paganas, estableció el celibato eclesiástico, prohibió el matrimonio entre cristianos y paganos o herejes, y adoptó sanciones por el maltrato de los esclavos; y el primer Concilio de Toledo, en 404, que adhirió a los acuerdos del Concilio Ecuménico de Nicea, en Asia Menor, (325), que, entre otras cosas, condenó la herejía arriana.

A partir de Constantino la Iglesia goza de personalidad jurídica, puede recibir herencias y legados de los particulares y disponer de bienes en general.

4° El Derecho Canónico

Desde sus primeros pasos la Iglesia comienza a darse, junto con su organización, un régimen jurídico propio. Nace así el Derecho Canónico, cuyas raíces iniciales se encuentran en la Biblia y en los principios del derecho romano. Su concreción y desenvolvimiento se va operando poco a poco a través de las epístolas de los Pontífices romanos y Obispos, y de las leyes o cánones de los Concilios.

5° Influencia del cristianismo en el Derecho Civil Romano[5]

La influencia cristiana en el campo jurídico no se advierte solo en la creación de una nueva rama del derecho, el canónico, sino también en la penetración de los principios morales y dogmáticos de la nueva fe en las normas del derecho romano vigente y de la filosofía jurídica.

a) Desde luego, la noción misma del derecho sufre una transformación honda. La doctrina clásica se basa en la idea de que quien ejerce un derecho no acarrea perjuicio a nadie. La legislación de Justiniano, templada ya por el espíritu cristiano, estableció que el derecho está permitido mientras su titular saca provecho de él, y se transforma en algo ilícito desde el momento en que este último busca solo el perjuicio de los demás.

El derecho adquiere además un carácter objetivo y trascendente respecto del Estado y por ello obligatorio de cumplir hasta por el propio emperador. Frente a los jurisconsultos clásicos que estimaban que el príncipe estaba exento del sometimiento a las leyes *(Princepts legibus solutus est)*, los emperadores Teodosio II y Valentiniano III proclaman en 429: "Es propio de la dignidad del que reina declararse sujeto a las leyes. Nuestro poder no es otro que el poder de las leyes y hay algo más grande que mandar, que es someter su poder a las leyes".

b) En cuanto al origen del poder y de la extensión de la autoridad civil, ella se estima derivada de Dios, y, como tal, sujeta a sus preceptos. Las epístolas de San Pedro (I, 2, 13-18) y San Pablo (a los Romanos, XIII, 1-7; y a Tito, III, 1), encarecen la obediencia a las autoridades legítimas. Pero este respeto no excluye la resistencia a las leyes que lesionan los derechos de Dios, "porque es menester obedecer antes a Dios que a los hombres".

c) La idea cristiana modificó también el concepto de derecho de dominio y el empleo particular de la propiedad. Para el cristianismo Dios es el único dueño absoluto de los bienes creados, que los ha cedido a los hombres para satisfacer sus necesidades. Los propietarios han de considerarse como administradores de los bienes y como tales han de acceder el beneficio de los mismos a los que los requieran. En cuanto al uso de los bienes, se ha distinguido en el Evangelio el precepto del consejo. Como precepto que a todos obliga en conciencia, se dispone el buen uso de la riqueza; como consejo, encaminado a obtener una mayor perfección, se señala el total renunciamiento de los bienes terrenos. Todo el Evangelio está sembrado de sentencias acerca del uso de los bienes terrenales, la mayoría de las cuales son terriblemente duras para los malos ricos, como la que dice que es más fácil que pase un camello por el ojo de una aguja a que un rico entre en el reino de los cielos. En el sermón de la montaña, Jesús declara bienaventurados a los pobres de espíritu, esto es, a los que tienen el corazón desarraigado de los bienes de la tierra.

Entre los primeros cristianos se ensayó un régimen de comunidad de bienes. Este comunismo se circunscribió tan solo a los cristianos de Jerusalén y fue enteramente voluntario e inspirado por el amor al prójimo necesitado y el deseo de perfección espiritual. Pero este ensayo de comunismo local no fue de larga duración, ni excluyó tampoco la existencia simultánea en Jerusalén de cristianos que, sin renunciar totalmente a sus bienes, entregaban a la Iglesia fuertes limosnas para el auxilio de los pobres. Esta actitud es la que siempre domina, al punto que sostener la implantación dogmática del comunismo de bienes se considere una heterodoxia y la Iglesia llegue a condenar a los agnósticos y otras sectas que así lo pretendieron.

En los sermones de los Padres de la Iglesia se encuentran también violentas alusiones al mal uso de la riqueza, que tomadas aisladamente y sin conocer el ambiente histórico en que se pronunciaron las homilías, han hecho creer a muchos que importaban una condenación al derecho mismo de propiedad. Desde luego es necesario advertir que en la época de San Juan Crisóstomo, San Ambrosio, San Agustín, etc., ya a la Iglesia le había sido reconocida su personalidad jurídica y como tal su derecho a adquirir bienes. Además, en la mayoría de los casos, los Padres de la Iglesia no pretendieron desarrollar en sus sermones una doctrina filosófica acerca del dominio, sino tan solo condenar el mal origen de los bienes detentados por los ricos de su tiempo y los excesos que estos cometían en su uso.

En algunas leyes se advierte el deseo de evitar los abusos del derecho de propiedad y reconocer a este su función social. Por una Constitución dictada en 368 por Valentiniano y Valente se buscó la manera de templar los efectos de la ley de la oferta y la demanda, concediendo a los obispos el derecho de velar por que los comerciantes no especularan con el precio de las mercaderías en detrimento de los pobres. En una Constitución de Justiniano de 531, se dispone que un propietario no puede elevar una muralla que impida al vecino usar del viento para la separación del grano de la paja.

d) Respecto de la esclavitud, el cristianismo no trajo consigo de inmediato su desaparición, sino su abolición progresiva. La idea misma de esclavo repugnaba al concepto cristiano de persona y de ahí que debió ir desapareciendo a medida que el nuevo espíritu fue tomando cuerpo en la sociedad. El Concilio de Ilíberis de 303 impuso siete años de penitencia a la mujer que con malos tratamientos diera muerte a su esclavo. Constantino, por una Constitución de 312, castiga como homicida al amo que mata violentamente a su esclavo a palo o pedradas, que lo hiere con un dardo o lo envenena, lo entrega a las fieras o echa sobre su cuerpo carbones encendidos.

Asimismo, en el deseo de asegurar la integridad del hogar. Constantino prohibió separar los miembros de una familia de esclavos al hacerse divisiones en la propiedad y dio valor legal a una costumbre cristiana según la cual los amos liberaban a sus esclavos en los templos en presencia de un sacerdote. Se estimó también como causal legal de liberación el atentado contra el pudor del esclavo.

Justiniano, por su parte, dispuso que si un esclavo en condominio era declarado libre tan solo por uno de los amos, obtuviera sin embargo la libertad, indemnizándose a los amos que no habían consentido en otorgársela.

e) Con el influjo cristiano se realzó la familia y penetro el concepto del matrimonio indisoluble. “Diferentes son las leyes de los Césares, diferentes las de Cristo”, decía San Jerónimo aludiendo al divorcio aceptado por el derecho romano clásico, "una es la enseñanza de Papiniano y otra la de nuestro Pablo".

Por la influencia cristiana el divorcio va progresivamente extirpándose. Así, Constantino, por una Constitución de 331, admite solo el divorcio contra el marido homicida, mago o violador de sepulcros, o contra la mujer adúltera y dada a los maleficios.

La Iglesia toleraba las segundas nupcias, pero se interesó por resguardar los intereses de los hijos del primer matrimonio. Movido particularmente por San Ambrosio, Obispo de Milán, Constantino dispuso que quien contrajera segundas nupcias tan solo conservaría el usufructo de los bienes de su primer cónyuge, pues la propiedad de estos pasaría a los hijos del primer matrimonio.

Por la influencia del pensamiento cristiano se redujo también el poder del padre de familia sobre sus hijos. Así, se castigó como parricida al padre que mataba a su hijo y se castigó también a los padres que lo abandonaban.

En cuanto a la igualdad jurídica de los sexos, Justiniano la preconiza en su Novela 21, protestando contra los que "menosprecian la naturaleza y perjudican al sexo femenino como si Dios no hubiera sido su autor y como si no hubiera sido elevado a la dignidad de la humanidad".

Cuadro cronológico de la España romana

A. de J.C.

218

Desembarco de las legiones romanas en Ampurias al mando de Cneo Escipión y comienzo de la conquista de España.

154-138

Rebelión de los lusitanos al mando de Viriato

133

Destrucción de Numancia por Escipión Emiliano. Se dicta enseguida la *Lex Provinciae* para España.

D. de J.C.

74

Vespasiano concede el *Ius latii* a todos los habitantes de España.

Siglo I

Predicación del cristianismo en España por el apóstol Pablo.

212

Caracalla dicta la Constitución Antoniniana que concede la ciudadanía romana a todos los habitantes del Imperio.

303

Concilio de Ilíberis

312

Edicto de tolerancia de Constantino

336

Constitución de Constantino a España sobre las donaciones esponsalicias (ley del ósculo)

390

Teodosio declara al Cristianismo religión oficial del imperio.

SEGUNDA PARTE

Temprana edad media

La aportación germánica[6]

(409-711)

Desde el punto de vista de la historia general este periodo es una etapa de transición. Por una parte se desintegra políticamente el Imperio Romano y se forman diversos reinos nacionales dominados por grupos de origen germánico. Pero por otro lado la cultura y el derecho romano subsisten, y el nacimiento del reino visigodo, que acaba dominando toda España, no trae consigo una germanización del país, sino influencias nuevas de carácter limitado.

I. La penetración germánica

1° Crisis del Imperio Romano y penetración de los germanos

Fue corriente entre los historiadores la afirmación de que el poderío y la cultura romanos desaparecieron violentamente arrasados por la intempestiva penetración en los territorios del Imperio de las hordas bárbaras germánicas. Esta teoría llamada "catastrófica", se encuentra abandonada, reconociéndose ahora que el derrumbe del Imperio obedeció a un proceso de desintegración interior, de ruina y decadencia de sus instituciones, de grave crisis económica, de debilitamiento del poder central frente a las provincias en desarrollo, de declinar de la religión oficial que con el culto al emperador mantenía un nexo de unidad entre las heterogéneas partes del Imperio y de advenimiento de la religión cristiana, con un concepto nuevo y antitético de la vida.

La penetración de los "bárbaros" –nombre peyorativo que daban los romanos a los extranjeros– fue un proceso lento que se inició en el siglo iv y duró hasta el siglo vi en occidente, prolongándose aún mucho más en oriente. La inmigración de tribus germánicas no se hizo siempre a manera de invasión guerrera, sino de asentamientos autorizados por el Imperio, revistiendo la radicación la forma de los "letes" o colonos bárbaros que explotaban la tierra y prestaban a cambio de ella servicios militares, o la de los federados, que gozaban en cambio de autonomía política completa y se regían en sus relaciones con el Imperio por medio de un tratado o estatuto. Así como a Roma habían ido penetrando insensiblemente las costumbres germánicas, también estos pueblos, a la época del derrumbe del Imperio, habían asimilado en gran parte la cultura de este último, de suerte que la Edad Media vino a ser el fruto de la compenetración recíproca de ambas influencias, que a su vez aparecen muy influidas por el espíritu cristiano.

A partir del año 476 desaparece la dignidad imperial con la deposición de Rómulo Augústulo, por el jefe de los hérulos, Odoacro. Este hecho quebranta definitivamente los últimos vínculos de unión que aún se mantenían entre las diversas provincias y regiones que hasta entonces habían integrado el Imperio. Ahora el último se fragmenta en diversos reinos germánicos: en la Galia el de los francos y burgundios; en Gran Bretaña, los siete reinos de los anglos y de los sajones; en España el de los suevos y visigodos; en África el de los vándalos, y en Italia el de los ostrogodos primero, y después el de los lombardos, mediando entre ellos una breve dominación bizantina.

2° Los germanos en España

España sufrió la invasión de diversas tribus. En 409 penetraron dos grupos germánicos: los suevos y vándalos, y un pueblo de origen iranio, los alanos. Los primeros fundaron un reino en la región de Galicia que perduró hasta fines del siglo vi en que fue sometido y dominado por los visigodos. Los otros dos pueblos, al cabo de diversas incursiones por la península ibérica, pasaron al África el año 429.

La dominación más prolongada y extensa la ejercieron en España los visigodos, originarios de Escandinavia, que se movilizan ya en el siglo III hacia las regiones del Danubio. Se establecieron por un tiempo en la Tracia, en calidad de federados, y después de diversas rupturas y tratados de paz con el Imperio, penetraron en Grecia y siguieron a Italia. Allí muere su rey Alarico I, no sin haber saqueado antes Roma el año 410. Con su sucesor Ataulfo continúan los visigodos a las Galias y entran a España en 415. Allí, como aliados del Imperio, luchan contra los vándalos y alanos. En virtud de un tratado con el Imperio en 418 obtienen para su asentamiento tierras en las Galias y fundan allí un reino con Tolosa por capital. Los diversos monarcas intervienen periódicamente en España contra los demás grupos invasores establecidos en la península. Pero la autoridad de los reyes visigodos se circunscribe solo a los componentes de este pueblo, queda subordinada al poder del Emperador y de los funcionarios provinciales y no se extiende a la población romana allí existente.

El rey Eurico, aprovechando la crisis paulatina del Imperio, que ya no tiene en España ni tropas ni funcionarios, avanza con sus ejércitos en territorio peninsular y el año 476, al ser depuesto el último César, Rómulo Augústulo, queda como soberano independiente.

En un total aproximado de nueve millones de habitantes, los visigodos se calcula que serían unos doscientos mil. Pero, aunque minoritarios, se transforman en el grupo dominante.

La derrota y muerte en 507 de Alarico I, sucesor de Enrico, entrega a los francos las tiendas de las Galias ocupadas hasta entonces por los visigodos. Termina así el reino tolosano y el poder visigodo se circunscribe a España, tomando como capital Toledo. La etapa final de dominio visigodo en España la realizan Leovigildo en 585 al conquistar el reino de los suevos en Galicia, y Suíntila al expulsar en 622 del sur de la península a los bizantinos instalados allí por un breve tiempo.

Un paso trascendental en la fusión de las razas visigoda e hispanorromana y la consolidación del reino visigodo de España fue la conversión en 589 de los conquistadores al catolicismo y su abandono del arrianismo, herejía cristiana que habían adoptado durante su lejana e inicial permanencia en el oriente.

En 711 los invasores árabes, al mando de Tárik, derrotaron al rey Rodrigo en Guadalete y pusieron término a la monarquía visigoda en España.

II. El Derecho en el reino visigodo

1° La concepción germánica del Derecho

A la época de su penetración en el Imperio los germanos concebían el Derecho como la organización estable de la paz, a diferencia de los romanos, para los cuales el derecho era el arte de lo justo. Como resultado de este concepto, todo delito producía entre los germanos la ruptura de la paz. Esta ruptura tenía diverso alcance, según se tratara de ciertos delitos especiales o de delitos ordinarios. Por lo que atañe a los primeros, como ofensa a los dioses, traición, hechizos dañosos, desorden del ejército y otros, producen la ruptura de la paz con la sociedad. El culpable pierde su condición de hombre y es denominado *wargr*, lobo. Si está en manos de la justicia se le aplica la pena de muerte, y si anda prófugo queda prohibido auxiliarlo o recibirlo y cualquiera puede darle muerte. La pena de muerte era un acto ritual y antes de aplicarla se consultaba a los dioses por medio de la ordalía de la suerte o del fuego. Si la prueba favorecía al reo, podía conmutársele la pena de muerte por la esclavitud o dejarle en libertad mediante el pago de una indemnización o *wergeld*.

Tratándose, en cambio, de delitos ordinarios, la ruptura de la paz se producía no con la sociedad, sino con la familia (*sippe*) del ofendido. En esto consiste la *faida* o "venganza de la sangre" que autorizaba a la *sippe* del afectado a perseguir y castigar al delincuente o poner término a la ruptura mediante una composición en especie o dinero (*wergeld*), que concurrían a pagar todos los miembros de la *sippe* del culpable. Una parte de esta indemnización, denominada "fredus", la percibía el rey cuando había intervenido en la reconciliación.

A medida que la autoridad pública toma más importancia entre los germanos, tiende a desaparecer la venganza privada y se regula el derecho procesal. El juicio se inicia, entonces, con la citación personal que el demandante hacía al demandado para que compareciera ante el tribunal. Los medios de prueba eran esencialmente formalistas, figurando entre ellos el de los "coniuratores" o miembros de la *sippe*, cuya misión no era la de declarar sobre el hecho en cuestión sino la de garantizar con su juramento la honradez del juramento probatorio. Además de la prueba testimonial se usaban también los juicios de Dios u ordalías, en que se apelaba a la divinidad, sea por medio del duelo judicial, sea por las pruebas del hierro candente o del agua caliente. "En la prueba del hierro candente –dice el historiador Salvador Minguijón– el sometido a ella debía llevar en la mano durante un espacio de nueve pies un hierro enrojecido al fuego. Después se le liaba la mano bajo sellos y si al cabo de tres días se encontraba la llaga en vías de curación, se consideraba triunfante de la prueba al que la había practicado".

2° Personalidad o territorialidad del Derecho en la España visigoda

El asentamiento de los germanos en el Imperio trajo de inmediato repercusiones en la vida jurídica. Mientras para los romanos el derecho era una facultad inherente a la condición de ciudadano, para los germanos el derecho era un poder vinculado a la raza, al grupo a que pertenecían y que, como tal, seguía al individuo a donde se estableciese. Como consecuencia de este principio la penetración de los germanos en el Imperio Romano originó una dualidad jurídica en el territorio de su asentamiento: los invasores se rigieron por el derecho germano, mientras los pobladores dominados mantuvieron el derecho romano.

Hasta hace poco fue afirmación indiscutida de los estudiosos que también en la España visigoda rigió el sistema de la personalidad de la ley, vigente en otros reinos germanos. Se estimó entonces que el Código de Eurico, primer cuerpo de leyes vigente en el reino hispanogodo, habría sido dictado solo para los visigodos; que el llamado Breviario de Alarico habría sido el código especial para los hispanorromanos, y que la unificación jurídica se habría producido con la promulgación del Libro de los Jueces. Pero investigaciones practicadas por el profesor Alfonso García Gallo, que ha dado a conocer a partir de 1941, parecen demostrar con buenos fundamentos que en el reino hispanovisigodo no rigió el sistema de la personalidad del derecho sino el de la territorialidad del mismo.

3° Bases del sistema jurídico hispanovisigodo

El derecho hispanovisigodo se constituye por la mezcla de distintos elementos: el derecho visigodo puro traído por los invasores, que guarda afinidad con el derecho noruego e islandés y el de los pueblos indígenas españoles; el derecho romano de las Constituciones del Bajo Imperio; el derecho romano vulgar; el derecho canónico; y en pequeña escala el derecho griego local de la Tracia, en la que residieron un tiempo los visigodos.

Es posible que haya existido también alguna influencia del derecho romano de Justiniano que desde mediados del siglo VI se aplicó por unos ochenta años en el sur de España que fue conquistado por los bizantinos. Parece que fue conocido por San Isidoro de Sevilla y aún se atribuye la división del *Liber Iudiciorum* en doce libros a imitación del Código de Justiniano.

4° Las fuentes del derecho hispanovisigodo

Pueden clasificarse en tres grupos: ley, costumbre y literatura jurídica. La ley fue civil o secular y canónica.

A. Ley civil

Las leyes dictadas por los reyes visigodos fueron redactadas en latín. Hay que distinguir en este grupo cuatro cuerpos de leyes: el Código de Eurico, el Breviario de Alarico, el Código de Leovigildo y el Libro de los Jueces, que se analizarán sucesivamente.

a) El Código de Eurico

El rey Eurico (466-484) dictó un cuerpo de leyes hacia el año 476, cuyo nombre oficial se ignora y del cual se conocen solo algunos fragmentos referentes a materias de derecho privado. Parte de estos fragmentos fue encontrada a mediados del siglo XVIII por los monjes benedictinos de Saint Germain des Pres, de París. Algunos otros aparecen incluidos en el Libro de los Jueces con la indicación de la ley *antiqua* y han pasado a él a través del Código de Leovigildo.

Se compone fundamentalmente de derecho romano vulgar. El romanista Álvaro d'Ors cree que este cuerpo de leyes es un Edicto que vino a reemplazar, al caer el Imperio, al dado por el Prefecto de las Galias.

b) El Breviario de Alarico

El 2 de febrero de 506 Alarico II promulgó en Tolosa un cuerpo de leyes preparado por una comisión de juristas. Se trata de una recopilación elaborada exclusivamente sobre la base de textos del derecho romano de las *leges* y del *ius*. De las *leges* se utilizó principalmente el Código Teodosiano y algunas Constituciones posteriores al mismo. En cuanto al *ius*, sirvió de base el *Liber Gaii*, epítome romano-vulgar de las Instituciones de Gayo. El texto de las *leges* aparece en su mayor parte acompañado de un comentario o *interpretatio* que en general explica el texto, pero algunas veces llega incluso a modificarlo. Esta *interpretatio* es anterior a la redacción del Breviario y representa la tarea de los jurisconsultos del derecho romano vulgar.

El Breviario de Alarico fue la recopilación de derecho romano más importante nacida de un Estado germánico. Tuvo larga influencia fuera de España, aun siglos después de haber cesado su aplicación en ella. Por contener exclusivamente derecho romano se lo ha denominado en tiempos modernos *Lex romana visigothorum*.

c) El código de Leovigildo

Leovigildo (571-586) promulgó un nuevo código, tomando por base el de Eurico. Su texto se conoce solo a través de algunas leyes incluidas en el Libro de los Jueces con los epígrafes de *antiquae* o de *antiquae en datae.*

d) El *Liber Iudiciorum* o Libro de los Jueces

Es la obra culminante de la legislación visigoda. En su redacción hay que distinguir tres etapas: edición de Recesvinto, edición de Ervigio y edición vulgata.

1. Los sucesores de Leovigildo legislaron en abundancia, pero no se estructuró un nuevo cuerpo legal hasta Recesvinto (653-672). Este último pidió al Concilio VIII de Toledo, reunido en 653, que preparara un proyecto de reforma legislativa. Aunque las actas del Concilio nada dicen, es creíble que la asamblea nombró una comisión a la que fue encomendado este trabajo. Se conocen, además, unas cartas anteriores cambiadas entre Recesvinto y San Braulio, Obispo de Zaragoza, por las que el rey le remitió un código para que el prelado lo corrigiese y distribuyese en títulos, cosa que cumplió. Parece que este trabajo de San Braulio fue el que sirvió de base a la comisión nombrada por el Concilio. Lo cierto es que Recesvinto promulgó el nuevo cuerpo con el nombre de *Liber Iudiciorum* el año 654.

La obra se divide en doce libros y técnicamente es una recopilación ordenada de la legislación hasta entonces existente, indicando en cada caso el nombre del rey que la dictó.

2. La dictación posterior de nuevas leyes obliga a hacer una revisión del *Liber*, la que emprende Ervigio. Se introducen modificaciones al texto de algunas leyes del *Liber* y se incorporan otras nuevas, entre ellas ciertas normas muy rigurosas referentes a los judíos. Con estos cambios la obra recibe una segunda promulgación el año 681.

3. Al margen de la intervención oficial y gracias al trabajo privado de algunos jurisconsultos, se introducen en el *Liber* modificaciónes e interpolaciones de importancia, entre las que se cuenta un título preliminar sobre derecho público, que recoge cánones conciliares inspirados en las doctrinas de San Isidore de Sevilla. Se ha dado a esta edición el nombre de *vulgata* por su mayor difusión.

B. Ley canónica

El Derecho canónico se concreta a través de dos vías: las epístolas pontificias y los cánones de los Concilios. Los últimos adquieren mayor desarrollo. En España los Concilios tienen gran influencia en la vida nacional desde la conversión al catolicismo de Recaredo (589). Las abundantes leyes canónicas se agrupan en colecciones.

La principal colección canónica del reino visigodo es la llamada "Hispana", compuesta en el siglo VII bajo la posible inspiración de San Isidoro de Sevilla y que recoge cánones de Concilios griegos, africanos, galicanos y españoles, y numerosas epístolas pontificias. Fue en su época la mejor colección canónica de la Cristiandad y prolongó su influjo por siglos dentro y fuera de España.

C. Costumbre

La costumbre, que era la fuente madre del primitivo derecho visigodo, encontró sus limitaciones en España. En primer lugar la Iglesia combatió las costumbres paganas y excesivamente bárbaras. Además el Estado se empeñó en imponer, sobre todo con el

Liber Iudiciorum, un derecho específico de raíz romana. En el Breviario de Alarico se acepta la costumbre conforme a la ley, de acuerdo con la doctrina imperante en el Bajo Imperio. Pero en el *Liber* no se le da ninguna cabida, pues se prohibe expresamente que se use por los jueces otro derecho que el contenido en él. De no existir ley apropiada para el caso, el juez no podrá recurrir a la costumbre o la equidad, sino que deberá llevar el asunto en debate al conocimiento del rey para que este lo defina.

Sin embargo, ni el derecho germánico ni el derecho romano vulgar desaparecieron con la implantación del *Liber Iudiciorum*, sino que continuaron subsistiendo en la costumbre popular. En las llamadas "Fórmulas visigóticas", que son modelo de aplicación del derecho, se ha comprobado la vigencia en España de instituciones jurídicas germánicas silenciadas por la ley o prohibidas por esta, como la "morgengabe", o donación de joyas y telas hechas por el novio a la novia a la mañana siguiente de la celebración del matrimonio, y las ordalías del agua hirviendo y del hierro candente. Esta y otras costumbres se mantuvieron vivas durante el reino visigodo y aun perduraron ampliamente después de su caída.

D. Literatura jurídica, San Isidoro de Sevilla

Los juristas abundaron en la España goda a juzgar por su rica legislación; pero no se conocen sus nombres. En un plano más de canonistas y de teólogos, aunque con indudable influencia en la legislación, a partir de la catolización del Estado visigodo, hay que señalar a diversos prelados. Uno es San Julián de Toledo, autor de un tratado perdido que posiblemente se refirió a las leyes de Ervigio sobre los judíos. Otro es el Obispo Isidoro de Sevilla.

San Isidoro, Obispo de Sevilla (560-636), es la figura cultural mas excelsa de occidente en la etapa del cruce de la Edad Antigua a la Edad Media y el transmisor más representativo de la cultura romana a los nuevos tiempos. Su obra cumbre, *Etimologías*, es una enciclopedia del saber clásico en todas las ciencias. El libro trata de "Las leyes y de los tiempos" y contiene valiosas definiciones de orden jurídico. En el libro IX se alude a temas importantes del orden político. En otras de sus obras, *El Libro de las sentencias*, San Isidoro se refiere también a estas últimas materias.

El pensamiento isidoriano fue recepcionado en el *Liber Iudiciorum*, que recoge textos de sus obras y asimismo cánones conciliares inspirados por él.

5° El derecho político y administrativo hispano-visigodo

A. El Estado visigodo

El Estado visigodo surge de una mezcla de principios derivados de los derechos germánico, romano y canónico. A la época de su asentamiento en las tierras de las Galias, el pueblo visigodo contaba con una organización política propia, a la cabeza de la cual se hallaba un rey elegido en una asamblea germánica y cuya autoridad, en consecuencia, arrancaba de un origen nacional y no de un nombramiento del Imperio Romano. El carácter de federados que tenían los visigodos respecto de este último, no trajo consigo el desaparecimiento de sus instituciones nacionales, sino tan solo su radicación en tierras que le fueron concedidas en Aquitania en conformidad al tratado suscrito y que les obligaba a la prestación de servicios militares.

No obstante, el hecho de que los visigodos al asentarse no formaban grupos cerrados, permitió la influencia y penetración de la cultura jurídica y organización romanas y que en último término el Estado visigodo se generare por la mezcla de los principios políticos germánicos, romanos y canónicos.

Dentro del Estado visigodo la relación del rey con sus súbditos no reviste, como algunos han sostenido, un carácter patrimonial o privado, sino que se funda en principios de derecho público. Los intereses del rey no se confunden con los de la colectividad, ni el patrimonio real con el del Estado, ni las leyes se dan solo para el pueblo sino que obligan también al rey, como claramente lo advierte el *Liber Iudiciorum* y, en fin, se contempla la posibilidad de delitos contra la seguridad del Estado, en los cuales no se halla mezclada la persona del rey. Además la monarquía no es hereditaria sino electiva. Aunque el sistema germánico de las asambleas generales de todo el pueblo desaparece en España, subsiste en algunos casos la intervención popular en la elección de los reyes y en la confirmación de las leyes.

El conjunto de funcionarios de palacio constituye el *Aula Regia.* Junto al rey y bajo su dependencia, ella tiene a su cargo la tarea gubernativa, legislativa y judicial. Los concilios, de que se hablará enseguida, ponen también un sello moderador en el poder real. No es posible así hablar de una monarquía absoluta. Las disposiciones contenidas en el título preliminar y el libro I del *Liber Iudiciorum* demuestran sobradamente que el rey ha de sujetarse al derecho para ser tenido por tal.

Los súbditos deben obediencia al rey, pero a la vez gozan de protección en sus derechos. El concilio XIII de Toledo (683) dispuso que "nadie sin causa justificada puede ser privado del cargo, sometido a juicio, atormentado o azotado, privado de sus bienes, detenido o infamado; sino que en todo caso ha de ser juzgado públicamente por los sacerdotes, los señores y los gardingos (sujetos ligados por vínculo de clientela con el rey y que viven con él), siendo nula toda medida tomada de otra forma. En otro aspecto se garantiza la propiedad de los súbditos prohibiendo las confiscaciones sin razón" (García Gallo: "Manual de Historia del Derecho" I, 508).

B. Los Concilios

Los visigodos, a la época de su penetración en España, eran cristianos, aunque pertenecían a la confesión arriana. Bajo Leovigildo, su hijo Hermenegildo se hizo católico; se sublevó contra su padre y murió en prisión en Tarragona. Bajo el influjo de San Leandro, Obispo de Sevilla, Recaredo, hijo también, y sucesor de Leovigildo, ingresó asimismo a la Iglesia Católica e hizo pública su conversión en el III Concilio de Toledo en 589. Desde esta fecha el catolicismo se extiende a todo el pueblo visigodo. Como consecuencia de este hecho la colaboración entre la Iglesia y el poder civil se hace estrecha, ya que en el reino son los Obispos los fundamentales depositarios de la cultura. Por ese motivo los Concilios, sin dejar de ser verdaderas asambleas de carácter eclesiástico, aparecen cooperando con el rey en la dictación de las leyes que este somete voluntariamente a su estudio.

Los Concilios regularmente se celebran en un templo de Toledo. Como todas las asambleas eclesiásticas de su género son reuniones de Obispos para tratar asuntos de la Iglesia. A ellos se añaden miembros del Aula Regia designados por el monarca. A este corresponde la iniciativa para que el Concilio se ocupe de materias seculares, las que indica en un discurso de apertura denominado *tomo regio*. Por medio de la llamada *lex in confirmatione concilii* el rey daba valor de ley civil a los cánones conciliares.

La influencia de los concilios fue grande en la dictación de las leyes, debido al ascendiente moral del episcopado, en el que sobresalieron figuras extraordinarias como San Leandro, San Isidoro, San Braulio y San Julián. Cabe señalar, entre otros pasos importantes, el esfuerzo de dichas asambleas por moderar el poder de los reyes y afianzar la obediencia de los súbditos, a fin de evitar, de un lado, la tiranía, y del otro la anarquía. La expresión más alta de este propósito la da el IV Concilio de Toledo (633) presidido por San Isidoro, hermano y sucesor de San Leandro en la silla episcopal de Sevilla. Por su iniciativa se adopta la concepción sacral del monarca, ungiéndose con aceite al rey Sisenando, como a los antiguos reyes judíos; y además se dicta anatema contra el súbdito que quebrante el juramento de fidelidad al rey y contra el rey que se transforma en tirano.

6° El derecho privado hispano-visigodo

A. El sujeto de derecho y la capacidad

El hombre libre bautizado es sujeto de derecho. Pero si bien la legislación visigoda, inspirada en el derecho romano, mira de preferencia al hombre como una individualidad aislada, el derecho consuetudinario, mantenedor de la raíz germánica, afirma la importancia de la familia como tuteladora de los derechos de sus miembros.

Entre las circunstancias modificatorias de la capacidad hay que considerar:

a) La edad

Según el *Liber*, desde los diez años se inicia la capacidad procesal; los veinte años se consideran la "edad perfecta".

b) La religión

Los herejes están incapacitados del disfrute de sus bienes mientras permanezcan en el error. Los judíos no pueden casarse con cristianos ni tener siervos de esta religión. A partir del Concilio IV, en 633, se les priva del ejercicio de la patria potestad; y más adelante, al exigirse el bautismo como requisito de la capacidad, la pierden por entero.

c) La clase social

Aunque todo hombre libre goza de la misma capacidad jurídica, el noble es juzgado por tribunales especiales, y sufre penas pecuniarias en los casos en que los demás las reciben corporales.

d) La infamia

La comisión de ciertos delitos produce la infamia. Ella incapacita para ser juez, acusar en juicio, prestar testimonio y representar a otra persona.

Se extingue la personalidad jurídica con la muerte. La legislación visigoda agrega también la entrada en servidumbre, por pena o prisión en guerra. Pero la costumbre, en lugar de sancionar ciertos delitos con la servidumbre, castiga al hechor a la manera germánica, con la privación de la paz y la expulsión de la comunidad. Con ello se transforma en lobo o *wargr*, y cualquiera puede darle muerte.

B. El derecho de familia

La familia se constituye por el matrimonio que es precedido de los esponsales. En ambos la influencia canónica se va acentuando progresivamente, al punto de que habiendo sido en un principio, a la manera germánica, la voluntad de los padres la decisiva en la celebración del matrimonio y esponsales, con el tiempo gana cada vez más en importancia la voluntad de los contrayentes.

Los esponsales se verifican ante testigos y con la entrega del anillo como arra. La dote, de acuerdo con la costumbre germánica, la aporta el marido y es obligatoria. La "donación de la mañana" (*Morgengabe*) no aparece en la legislación pero sí en las llamadas "Fórmulas visigóticas".

Los impedimentos para la celebración del matrimonio son, en general, de origen canónico: parentesco hasta el sexto grado de consanguinidad o afinidad, voto de castidad, orden sacerdotal, rapto y fuerza o miedo. Se añaden algunos impedimentos de origen civil: se prohibe el matrimonio entre libres y siervos o entre patronos y libertos.

El influjo canónico se advierte también en el rechazo del divorcio y en la moderación de la patria potestad que no autoriza a los padres a vender, donar o dar en prenda a los hijos.

Por la influencia germánica la familia es un órgano dotado de gran cohesión, que se hace presente en el derecho penal y que ejerce una tutela general sobre los huérfanos menores y las mujeres solteras y viudas.

C. Los derechos reales

El concepto absoluto e individualista de la propiedad romana fue recogido por el derecho visigodo; pero en la práctica prima la costumbre germánica en que el dominio se concibe en función de la familia.

D. Los contratos

Los contratos son fuente de obligaciones y exigen para su validez el libre consentimiento de las partes. El uso de formalidades es muy frecuente. Así, en la tradición de los bienes raíces, el adquirente penetra en el inmueble y ejecuta actos de dominio, como cortar ramas o expulsar a ocupantes.

E. El derecho de sucesión

El testamento, desconocido por los antiguos germanos, es adoptado por los visigodos, como, en general, todas las normas sucesorias del derecho romano. Merece recordarse por su origen germánico el llamado principio de troncalidad o reversión, que rige en la sucesión *ab intestato* en que el difunto muere sin descendientes, que consiste en que los bienes patrimoniales o de abolengo deben volver a la línea ascendente de donde procedieron.

7° El derecho y el procedimiento penales

En estas ramas del derecho se advierte de manera especial la conjunción de los influjos romano, germánico y canónico, como también la disociación entre la ley y la costumbre.

La legislación dispone la plena capacidad penal a los diez años y la responsabilidad individual. Las penas varían según se trate de autor, cómplice o encubridor, y entre ellas las principales son las pecuniarias de multas o de confiscación, los azotes, pérdida de miembros, servidumbre y muerte.

No obstante estas normas, la costumbre germánica mantiene la mancomunidad penal, o solidaridad de las respectivas familias con el ofensor o el ofendido; la pérdida de la paz y la venganza de la sangre.

El juicio –de acuerdo con la legislación– se entabla a instancia del demandante. Pero aunque el procedimiento es fundamentalmente acusatorio, hay delitos como la traición, falsificación de moneda y parricidio, que autorizan para emplear un procedimiento inquisitivo. Como medios de prueba se emplean los documentos escritos, los testigos, el juramento purgatorio y el tormento. Una ley de Egica estableció como medio probatorio la ordalía del agua caliente.

Al margen de la ley el juicio se siguió ante la asamblea popular y se emplearon las demás ordalías y el sistema de los conjuradores, todo ello de raíz germánica.

Cuadro cronológico de la España goda

409
Invasión de los suevos, vándalos y alanos

415
Primera penetración de los visigodos en España

476
Fecha aproximada del Código de Eurico

506
Alarico II promulga el Breviario

589
Conversión de Recaredo al catolicismo en el III Concilio de Toledo

633
IV Concilio de Toledo. Se promulga el anatema contra los reyes tiranos y los súbditos infieles.

654
Primera promulgación del *Liber Iudiciorum* por Recesvinto

681
Segunda promulgación del *Liber Iudiciorum* por Ervigio

711
Rodrigo, último rey visigodo, es vencido en Guadalete por los árabes al mando de Tárik.

TERCERA PARTE

Alta Edad Media

La formación del derecho castellano-leonés

(711-1217)

La penetración musulmana en 711 trajo consigo la desintegración política de España. Gran parte de la península quedó ocupada por los invasores y los grupos cristianos de resistencia, refugiados en la zona norte, iniciaron una lenta y prolongada guerra de reconquista. De esta manera España quedará escindida en dos mundos culturales: el musulmán, cuya expresión política más alta la detenta el califato de Córdoba, que en 1031 se desintegra; y el cristiano, representado de preferencia por el reino asturleonés y luego por el condado de Castilla, que al transformarse en reino en 1035 –año casi coincidente con el de la crisis del califato– asume la dirección de la reconquista, que adquiere desde entonces mayor celeridad.

Secuela de la desintegración política española fue también la pérdida de la unidad jurídica. La Alta Edad Media española, en las monarquías cristianas, es un periodo de variedad jurídica.

I. Desarrollo histórico[7]

1° La dominación Musulmana en España

A. Mahoma y el Islam

a) La nueva fe

La Cristiandad europea y norteafricana se verá conmovida a partir del siglo VII con la inesperada irrupción de una nueva fe religiosa, de carácter beligerante e imperialista, brotada del Asia

Menor. Su fundador, Mahoma, nacido hacia 570 en La Meca, Arabia, se proclamó profeta de Alah, el único Dios, frente al cual el hombre debe confiarse por entero. Esta resignación confiada a la voluntad de Alah se denomina Islam. La nueva religión recoge algunas creencias cristianas y judías, como también antiguas supersticiones árabes. Gracias a Mahoma el pueblo árabe, antes desunido, adquiere una conciencia histórica unitaria, se transforma, como nuevo Israel, en pueblo escogido y emprende la "guerra santa" para dominar a los "infieles". Desde la muerte del profeta se inicia la belicosa expansión del Islam, que se extiende por el Asia Menor y el norte del África, sometiendo e incorporando al nuevo credo a numerosos pueblos, sobre los cuales una minoría árabe ejerce la hegemonía.

b) El Derecho

Para el Islam el derecho forma parte de la religión, es revelado por Alah. Guarda así analogía con el derecho judío y se aparta del derecho romano que no pretende imponerse en conciencia, y asimismo del de las naciones germánicas que se caracteriza por su singularismo y por la facultad legislativa que se reconoce al pueblo por sus asambleas.

Siendo el derecho musulmán eminentemente religioso, sus normas solo fueron aplicables a los creyentes en Alah. Los pueblos sometidos conservaron su propio derecho, lo que no impidió la esporádica adaptación por ellos de alguna institución secular musulmana.

B. El Islam español

a) La dominación política

Por los años en que asciende Rodrigo al trono de los visigodos, los árabes al mando de Musa consuman la conquista de Marruecos. El conde Julián, exarca de la plaza bizantina de Ceuta que, según una antigua tradición, había visto infamada a su hija por Rodrigo, incitó a los árabes a penetrar en España. Estos encontraron allí el apoyo de los visigodos partidarios de la familia del difunto rey Witiza, antecesor de Rodrigo y a los que este despojó de sus derechos al trono. Asimismo apoyaron a los árabes los judíos, que se sentían vejados por la legislación imperante.

El primer desembarco musulmán en la península ocurre en 710 al mando del bereber Tarif, con el auxilio de Julián y tiene más bien el carácter de expedición de reconocimiento. Al año siguiente pasa el estrecho de Gibraltar un ejército comandado por el gobernador de Tánger, Tárik, y vence a Rodrigo a orillas del rio Guadalete. La conquista se ensancha con velocidad y sin mayor resistencia. La España musulmána, conocida por el nombre de Al Andalus, pasa a ser un valiato dependiente del califa de Damasco. En 756 es proclamada la independencia de este último y la España musulmana queda regida por un emir. En 929 Abd-al-Rahman III adopta el título de califa y por cerca de cien años Córdoba, la capital de la monarquía, irradia su esplendor cultural y poderío en todo el occidente.

Una revolución ocurrida en 1031 produce la abolición del califato y la disgregación política del Al Andalus en varios estados o "reinos de taifas". Esta desunión favoreció el avance de la reconquista cristiana. La toma de Toledo por Alfonso VI de Castilla en 1085 movió a los musulmanes a pedir auxilio del exterior. Sucesivamente invadieron la península tribus africanas fanatizadas, primero los almorávides (1086) y luego los almohades (1146), que alcanzan a restaurar por un tiempo el poderío del Islam en España. Pero en 1212 Alfonso VIII de Castilla con la colaboración de navarros y aragoneses, derrotó a los almohades en las Navas de Tolosa y abrió así a sus sucesores el avance en Andalucía.

b) La aportación cultural

No fueron los árabes creadores de una cultura estrictamente original, pero sí captadores inteligentes y transformadores de la de los pueblos que sometieron. Su mérito fue haber recogido el arte, el pensamiento y la ciencia de Bizancio, Persia, Siria y Egipto y proporcionarlos, a través de España y del sur de Italia, al resto de la Europa cristiana.

En España dejaron en el campo de la arquitectura dos obras cumbres: la mezquita de Córdoba y la Alhambra de Granada. En el campo del pensamiento y de la ciencia brillaron Averroes (1126-1198), gran comentarista de la obra de Aristóteles; Avicena, notable pensador y médico; y Algazel, cuya obra teológica influyó en la "Summa" de Santo Tomás. Conquistada ya Toledo por los castellanos, se formó allí una escuela de traductores, bajo la dirección del Arzobispo don Raimundo (1130-1150), que permitio la traslación al campo cristiano español y por su intermedio al resto de Europa, de las ciencias que los árabes habían traído de oriente: las matemáticas de Euclides, la filosofía de Aristóteles, la astronomía de Ptolomeo y la medicina de Galeno e Hipócrates.

En el campo del derecho, por ser este esencialmente religioso, la influencia árabe fue escasa. Se atribuye este origen a algunas instituciones castellanas y aragonesas, posiblemente recogidas por los "mozárabes" o cristianos sometidos a los musulmanes, como el contrato de sociedad o aparcería agrícola, la legislación de riegos, la reglamentación de los mercados, la sociedad en comandita, la barraganía y el matrimonio "a yuras".

Más abundante fue, en cambio, la supervivencia del vocabulario árabe en instituciones españolas más o menos similares: alcalde (de al-cadí, o juez), alcaide, alférez, aduana, almojarifazgo, alcabala, algualcil, tarifa, entre muchas.

2° Los Estados cristianos de la reconquista

a) La iniciación de la Reconquista

Simultáneamente con la penetración de los árabes en España y la caída del reino visigodo, se inicia la lucha por la reconquista del territorio patrio. Distintos grupos cristianos van tomando forma política en el norte de la península; en los montes cantábricos el reino de Asturias y en los Pirineos algunos condados que originaron más adelante los reinos de Navarra y Aragón. La iniciativa antimusulmana parte de Asturias y se personifica en el rey Pelayo, que obtiene una inicial victoria sobre los invasores en Covadonga (722).

Diversos factores contribuyen a dar unidad e impulso al proceso de la reconquista. Bajo Alfonso II (791-841), el descubrimiento de unas reliquias del apóstol Santiago en el Campo de la Estrella (Compostela), en Galicia, transforma a dicho discípulo de Jesucristo en protector celestial de los cristianos en la lucha contra el Islam y da a la guerra de la reconquista un fuerte dinamismo religioso. El mismo monarca, al establecer su corte en Oviedo, procura restaurar las instituciones civiles y eclesiásticas visigodas y hacer del reino de Asturias el continuador legítimo de la desaparecida monarquía toledana. Uno de sus próximos sucesores, Alfonso III (866-910), consolida esta línea política y avanza con sus huestes más allá del río Duero. El crecimiento de la tradición gótica hace que los hijos y súbditos de Alfonso III lo titulen a veces emperador, es decir, rey de reyes dentro de España.

Por un ensanche cada vez mayor el reino de Asturias abarca las regiones de Galicia y León. En 913 la capital es trasladada a la ciudad de León, y el reino toma esta denominación.

b) Los orígenes de Castilla

Al oriente del reino de León se había ido efectuando a lo largo del tiempo la repoblación de un territorio abierto denominado primeramente Vardulia y que ya en los tiempos de Alfonso III era conocido por el nombre de Castilla, por las numerosas fortalezas que jalonaban su suelo y lo defendían de los periódicos ataques musulmanes. Varios condes gobernaban la región en nombre del monarca leonés. Pero el fuerte sentido de independencia que caracterizaba a sus pobladores, procedentes en su mayoría de los montes cantábricos y pirenaicos, los empujó a romper los lazos que los ataban a León. Un caudillo audaz y valeroso llevó a cabo esta aspiración. Fue Fernán González, que logró como primer paso unificar en su persona todos los cargos condales de la región y, enseguida, se sublevó contra León en 940, transformándose en conde soberano de Castilla.

Por herencia paso Castilla a manos de Sancho el mayor, rey de Navarra (1000-1035), que logra imponer una transitoria hegemonía vasca entre las monarquías cristianas y da estímulo a la influencia cultural francesa en la península, que vendrá a contraponerse a la del califato. La adopción por Sancho del concepto patrimonial de la monarquía, de origen franco, hace que a su muerte sus amplios dominios se fragmenten entre sus hijos. Así nacieron dos nuevos reinos: Castilla y Aragón.

c) El reino de Castilla

Con Fernando I, primer rey de Castilla (1035-1065) se inicia el proceso hegemónico de esta en el núcleo cristiano. Castilla pasa a dirigir la lucha de la reconquista, que se facilita con el desmembramiento recién ocurrido del califato de Córdoba. Fernando pasó asimismo a ser rey de León y como tal se titula emperador. Pero su mantención del concepto patrimonial de la monarquía hizo que a su muerte sus dominios se volvieran a dividir. Una lucha entre Sancho II, que quedó con Castilla, y Alfonso VI que heredó León, concluyó con el asesinato del primero en el sitio de Zamora y la reunión por Alfonso de las coronas de ambos reinos. Si el monarca se mostró envidioso con su leal vasallo Rodrigo Díaz de Vivar, el Cid Campeador, que conquistó para él el reino musulmán de Valencia, dejó su nombre ligado a un hecho capital en el proceso de la reconquista: la toma de Toledo en 1085. También Alfonso se tituló emperador.

La tendencia europeizante heredada de su padre se traduce en el apoyo que presta a los monjes franceses de Cluny, que introducen en la Iglesia española el rito latino en reemplazo del nacional llamado mozárabe o toledano. Los años finales de su reinado se vieron oscurecidos por las derrotas sucesivas que le infligieron los nuevos invasores almorávides y la pérdida de Valencia a la muerte del Cid Rodrigo Díaz.

Alfonso VII, nieto materno del anterior, inicia la dinastía de Borgoña (su madre la reina Urraca había casado con el conde francés Raimundo de Borgoña). Es coronado emperador en León y se reconocen vasallos suyos otros monarcas de la península. Es la única vez que el título imperial usado por los monarcas leoneses pasa más allá de una simple mención honorífica. Pero a su muerte el concepto patrimonial prima sobre la idea de la unidad y los reinos de Castilla y de León vuelven a separarse, distribuyéndose respectivamente entre sus hijos Sancho III y Fernando II. Uno y otro, monarcas sin mayor importancia, son los padres de Alfonso VIII de Castilla (1158-1214) y de Alfonso IX de León (1188-1230). Se debe al monarca castellano la victoria de las Navas de Tolosa en 1212 (que marca la definitiva declinación del poderío musulmán en España y su homónimo leonés la convocatoria de las primeras Cortes conocidas de su reino.

II. El medio social y político[8]

1° Componentes étnicos

Aparte de los visigodos, completamente fundidos ya con los antiguos hispanorromanos, la población recibe paulatinamente incremento con los grupos islámicos que por avances de la reconquista van quedando en territorios de dependencia cristiana. Hay que añadir a estos la afluencia los judíos, que huyen de la intolerancia de almorávides y almohades, y la llegada de refuerzos francos, interesados en participar en la lucha contra el invasor mahometano.

En los fueros municipales se concede, en general, igualdad legal a judíos y cristianos. El de Cuenca, cabeza de una familia de fueros, establece que los pleitos entre cristianos y judíos son dirimidos por dos alcaldes, uno cristiano y otro judío; que el juramento judío sobre la Torah tiene el mismo valor del juramento cristiano sobre la cruz; y que el homicidio de un judío se sanciona con la misma multa que el de un cristiano (500 sueldos).

2° Repoblación

La expansión de los españoles cristianos replegados en las montanas médicas, hacia las tierras de más al sur, es un proceso lento en los siglos de la Alta Edad Media. A medida que se producen los avances de la reconquista, las tierras nuevas incorporadas a la soberanía de los reyes cristianos son repobladas por estos, sea bajo la vigilancia de un conde gobernador, o la acción de un Obispo, orden monástica u orden militar. Más frecuente es todavía el caso de hombres libres que realizan excursiones fuera de la frontera y adquieren el dominio de tierras desiertas por la simple ocupación. A este acto se le llama "apricio" o "presura".

El primer sistema de repoblación dio origen a la formación de las grandes propiedades de Galicia, León y Cataluña; mientras el segundo estimuló la creación de la pequeña propiedad en Castilla.

3° Clases sociales y señoríos

a) Los pobladores eran siervos o libres. Los últimos podían ser nobles o plebeyos. La condición nobiliaria en Castilla y León nacía de la ascendencia; de allí el nombre de "fijodalgo" dado a los que la ostentaban. "El noble, resume García Gallo, goza de alto prestigio social. Jurídicamente su muerte se castiga con multa de 500 sueldos, en vez de los 300 del hombre libre; goza de inmunidad en sus casas y por lo general también en sus tierras; está sometido a la jurisdicción real; ventila sus querellas por el sistema del "riepto"; está exento de impuestos; su juramento vale más que el libre y porta como atributo de la nobleza la espada". Los hombres que disponen de gran riqueza son llamados "ricos-homes" a diferencia del resto que se denominan "infanzones".

En los lugares sujetos a fueros municipales se va produciendo la igualdad jurídica entre nobles y plebeyos, cristianos y judíos.

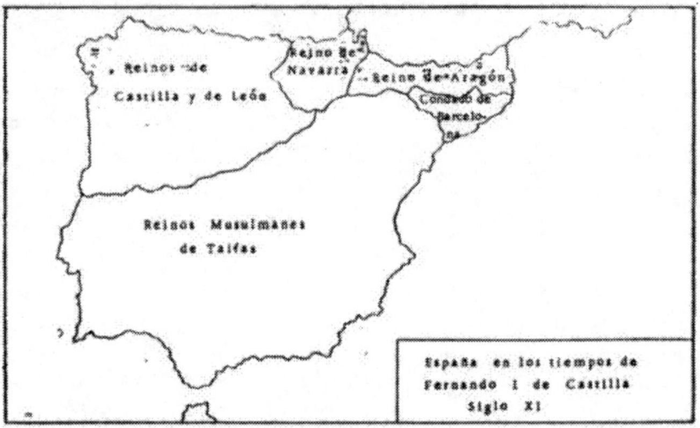

b) La antigua costumbre visigoda, por la que los nobles contraen un vínculo de clientela militar con el monarca, con recíprocas obligaciones de fidelidad, se mantiene y desarrolla en esta época. A partir del siglo x el cliente, denominado antes fidelis, se llama vasalus. El vasallaje se origina por un contrato, en virtud del cual el vasallo se compromete a defender y seguir a la guerra al señor. Este debe sustentarle y darle el equipo de caballero (atondo). El contrato se perfecciona por el homenaje, acto en que el vasallo jura fidelidad de rodillas al señor.

Aparte del vasallaje se instituye también el beneficio, por el cual se concede tierras a un noble en plena propiedad a cambio de determinados servicios, o para su disfrute temporal o vitalicio (prestimonio). Este último sistema es el que se usa en Castilla.

Desde el siglo XI el vasallaje y el beneficio se unifican originándose así el feudo. El que lo instituye (el rey o un señor), no renuncia al dominio eminente de la tierra, sino que la da en usufructo al vasallo. Aun en los casos contados, en que el rey cede al vasallo la jurisdicción sobre los habitantes, pueden estos apelar al monarca de la sentencia de su señor. La autoridad que conserva el rey en Castilla y León diferencia apreciablemente el régimen feudal allí imperante con el del resto de Europa y Cataluña.

Los señoríos pueden ser de realengo, de abadengo o solariego, según sea el rey mismo, un eclesiástico o un noble el que lo ejerza en un determinado lugar.

c) La necesidad de protección lleva a muchos hombres libres a buscar un señor, naciendo así diversas formas de encomendación. Si no poseen tierras deben compensar la protección con el servicio personal al patrón, lo que limita su libertad. En cambio, si son propietarios, pagan una renta al señor y son libres de abandonarlo cuando quieran (hombres de behetría). A partir del siglo XII el vínculo de tipo personal va cediendo lugar a la encomendación de tipo real. Son ahora pueblos libres los que escogen un señor que se beneficia con sus tierras (tierras de behetría). Llámanse "behetrías de mar a mar" los pueblos que pueden elegir señor a cualquiera, y "behetrías de linaje" los que solo pueden hacerlo dentro de una determinada familia.

d) Los ciervos podían ser personales (moros prisioneros de guerra), o de la gleba, esto es, adscritos a la tierra, con la que se enajenaban. La influencia de la Iglesia y la necesidad de atraer pobladores a los territorios reconquistados, producen en el siglo X la evolución de esta clase a la de los solariegos o iuniores, intermedia entre la servidumbre y la libertad. Gozan estos de libertad personal y hasta de patrimonio, aunque deben todavía prestar algunas obligaciones (v. gr., el pago de la "infurción" o renta al señor por la tierra que ocupan; el "fonsado" o servicio anual, generalmente de tres días, al señor en la guerra, que puede compensarse por la "fonsadera", o redención en metálico de la obligación).

4° La Iglesia

Continúan celebrándose Concilios, entre los que debe reconocerse el reunido en Coyanza en 1055. A ellos concurre el rey, pero las decisiones son tomadas por los Obispos.

La Iglesia de España mantiene invariable su fidelidad al Papa al extremo de sacrificar el antiguo rito visigótico o mozárabe y acoger la liturgia romana que en el siglo XI traen los monjes franceses de Cluny, empeñados con Gregorio VII en robustecer la unidad cristiana y en asegurar la independencia pontificia frente a la intervención del poder secular.

Desde el siglo IX toma gran impulso la devoción a Santiago Apóstol. Las peregrinaciones a su sepulcro hallado entonces en Compostela es un factor de unidad nacional y un punto de contacto entre España y el resto de Europa, acrecentándose con este motivo la influencia occidental en la península.

Poseedora de un gran prestigio moral, la Iglesia ejerce honda influencia en la vida social, contribuyendo a mantener la cultura clásica en los monasterios (v. gr., Santo Toribio de Liébana, en Castilla, y Santa María de Ripoll, en Cataluña); dando impulso al cultivo de la tierra y realizando, en fin, un papel moderador en las luchas y en la dureza de la estructura social. Así, un concilio de principios del siglo XI calificó de cosa detestable la esclavitud y prohibió bajo severas penas vender a los hombres. El papa Adriano IV declaró válidos los matrimonios de los siervos, sin que estos requirieran, como hasta entonces, autorización de los señores para contraerlos. Alejandro III, por su parte, declaró que "todos los cristianos deben ser exentos de servidumbre". Para tratar de aplacar la violencia dominante, la Iglesia sublima la misión de la caballería; proclama "la paz de Dios" sancionando con severas penas canónicas a los que perturban la tranquilidad de los templos y sacerdotes; y propicia la "tregua de Dios", que prohibe asimismo bajo sanciones espirituales las luchas armadas en ciertas fiestas religiosas y todas las semanas, desde el atardecer del miércoles hasta la mañana del lunes. Estas instituciones llegan a España a principios del siglo XIII, procedentes de Francia.

5° El Estado

Constituyen el Estado dos elementos específicamente diferentes: la comunidad y el príncipe. Este último ostenta el título de rey en León, Navarra y Aragón, y de conde en Cataluña y también en

Castilla hasta 1035 en que Fernando I se corona rey. Los reyes de la monarquía asturleonesa usan, además, con frecuencia, el título de emperadores, por estimarse sucesores directos de la monarquía goda, dueña de toda España y reciben, como en aquélla, unción sacral. Las relaciones entre el monarca y la comunidad se establecen mediante un pacto solemne brotado del juramento del príncipe a la comunidad y del de los súbditos a este en señal de fidelidad.

El poder real está limitado por la religión y la moral, y las costumbres y leyes vigentes a las que él debe obediencia.

Aunque el rey ejerce la plenitud del poder, esto no perjudica la participación de la nobleza o del alto clero en la vida política, que le está en cambio negada al resto de los hombres libres y naturalmente a los siervos. Como derivación del Aula Regia visigoda, aparece en la monarquía leonesa la Curia Regia, que agrupa a los funcionarios de palacio y nobles que se encuentran en la residencia real.

La Curia celebra reuniones ordinarias y extraordinarias o plenas. A las segundas asisten nobles y eclesiásticos que se convocan de una manera periódica para la unción de los reyes y juramento de los nobles y petición a estos de auxilios económicos.

La aparición a fines del siglo XII de los representantes de las ciudades en la Curia plena origina la institución de las Cortes que estudiaremos en el periodo siguiente de la España medieval. La Institución aparece ya consolidada en 1188, fecha en que se reúnen unas Cortes convocadas por Alfonso IX, dignas de recordación por haberse concebido en ellas lo que Sánchez-Albornoz llamó la "Carta Magna leonesa". Este documento asegura diversas libertades y garantías individuales (derecho de propiedad, inviolabilidad del domicilio, garantías en el ejercicio de la justicia) . Difiere fundamentalmente de la Carta Magna inglesa de 27 años más tarde, en que no es el resultado de una pugna de la nobleza y alto clero con el poderío real, sino que es el desborde al campo general de la política del reino, del espíritu de libertad conquistado por las ciudades precisamente en su lucha contra las dos clases aristocráticas, y de que son exponentes los fueros municipales a que nos referiremos más adelante.

6° El municipio

Diversas circunstancias confluyen a formar la vida local. La utilización común de pastos y aguas, el aprovechamiento común de una misma parroquia o de un mismo recinto amurallado para la defensa, y la concurrencia al mismo mercado, van dando origen a comunidades territoriales. Estas se encuentran sometidas a la jurisdicción del conde en cuyo territorio se hallan enclavadas. Tienen sus asambleas de hombres libres o *concilium,* de preferencia encargadas de regular la vida económica.

Desde el siglo XI, al amparo de los reyes, los municipios adquieren inmunidad de la jurisdicción del conde. La asamblea o *concilium* amplía su facultades y entra a administrar justicia con independencia del conde, como se verá más adelante.

III. Las fuentes del Derecho[9]

1° Carácter del Derecho

Producida la invasión musulmana y la formación de los Estados cristianos que emprenden la reconquista, el *Liber Iudiciorum* siguió considerándose en estos de manera teórica, como ley general. Pero las costumbres de origen primitivo, romano-vulgar y germánica, que habían estado legalmente contenidas por la romanización oficial del Estado visigodo, emergen ahora potentes y sin obstáculos porque falta una autoridad fuerte y la vida se hace rural y por eso más rústica y popular. El derecho territorial cede ante los derechos locales que en cada sitio se integran por antiguas costumbres, usos lugareños que brotan al amparo de las nuevas circunstancias y privilegios que los reyes y señores otorgan a las comarcas.

Además la repoblación obliga en varios casos a admitir la personalidad del derecho para ciertos grupos raciales que se establecen en determinados sitios, y las distintas clases sociales obtienen, por su parte, disposiciones legales propias, con lo que el derecho se diversifica aún más.

La pluralidad y la complejidad jurídica hacen que con frecuencia se produzcan dudas acerca del derecho vigente. No habiendo costumbre aplicable o existiendo divergencia en la interpretación de ella, los jueces en Castilla fallan de acuerdo con la equidad, erigiéndose sus sentencias en normas de derecho para resolver futuros casos análogos.

2° Factores que influyen en la formación del Derecho

Distintos elementos confluyen a generar el derecho alto-medieval: 1) El derecho de los pueblos cantábricos y pirinaicos, escasamente influido por los romanos y visigodos, y nada por los árabes. La repoblación llevó a estos pueblos a la meseta castellana con su derecho. En él existe un substrato céltico que se ha confundido con el germánico. 2) El derecho consuetudinario germánico. 3) El derecho hispanovisigodo. Se conserva en Cataluña con el *Liber* y poco en Galicia y Asturias. Desde el siglo x se afirma en León por los mozárabes que lo traen del sur. En Cantabria, Vasconia, Navarra y en las zonas repobladas de Castilla y Aragón, no rigió. 4) El derecho canónico influye decisivamente en todos los derechos seculares. 5) El derecho musulmán se recoge por los mozárabes, apenas en alguna institución agraria y más en la terminología, y ellos lo llevan a los territorios cristianos con el avance de la reconquista.

3° El derecho territorial y el fuero de albedrío

a) Para una adecuada comprensión del estado jurídico de España en la Alta Edad Media, en especial en el núcleo asturleonés-castellano, hay que distinguir el derecho territorial, el derecho local y el derecho de clases y personal.

b) En el reino asturleones el *Liber Iudiciorum* rige con carácter territorial desde su restauración por Alfonso II (S. IX). Adquiere mayor vigencia a partir del siglo X en que se establece en la ciudad de León para los mozárabes, el "Tribunal del Libro" que lo aplica. Pero sus disposiciones van quedando diferidas por los usos y costumbres.

Los reyes dictan decretos de alcance territorial con la ayuda de la Curia plena. Los principales los dio Alfonso V e insertó en el Fuero de la ciudad de León en 1017. Fernado I da vigencia civil a los cánones del Concilio de Coyanza (1055). Alfonso IX dicta un ordenamiento sobre garantías de los súbditos en las Cortes de 1188.

c) Mientras Castilla estuvo sometida a León, teóricamente rigió en ella con carácter territorial el *Liber Iudiciorum*. Pero en la práctica, y sobre todo con la independencia del condado, surge un sistema propio. Los jueces, en lugar de atenerse a una ley determinada, sujetaban sus decisiones a la equidad y a los usos de la tierra. Este procedimiento se llamó "Fuero de albedrío", y "Fazañas" a las sentencias dictadas. El derecho así nacido es casuista y las "fazañas" expedidas sirven para resolver más tarde casos análogos. Castilla resulta, de esta manera, un país sin leyes, en que el juez crea el derecho.

4° El derecho local

Se expresa a través de la costumbre y de la ley; las fuentes del derecho local legislado son principalmente las cartas pueblas y los fueros municipales.

a) Las Cartas pueblas

Cuando los españoles ganaban tierras a los moros, procuraban atraer pobladores a las mismas. Con este fin dictaban los reyes o señores las llamadas "Cartas pueblas". Consisten en contratos colectivos por los que el rey o señor otorga derechos y franquicias y los pobladores se comprometen a diversas prestaciones. La Carta puebla más antigua que se conoce es la otorgada en 824 a Branosera por el conde Munio Núñez.

Estos documentos suelen confundirse con los fueros municipales, pero de ellos se diferencian en que las "Cartas pueblas" son anteriores a la radicación de los pobladores, mientras los fueros municipales presuponen la existencia del municipio. En muchos casos las "Cartas pueblas" sirvieron de base a la redacción de fueros.

b) Los fueros municipales

Para García Gallo el origen de la palabra fuero proviene de *forum*, no solo en su primera acepción de tribunal, sino de "modo de actuar del tribunal" con que se empleó en la época posclásica. De ahí que se usara la palabra fuero para indicar la norma jurídica aplicada por el tribunal, en una época en que no había otro derecho que el consuetudinario o fijado por el juez. La difusión de la palabra fuero coincide con la actividad de los jueces y por eso se emplea en las regiones en que estos crean el derecho (Castilla, León, Navarra, Aragón) y no donde rige el *Liber* (Cataluña). Pero después se da el nombre de fuero a todo derecho, aunque no brote del tribunal, sino del rey. Fuero pasa así a ser sinónimo de derecho, privilegio, exención, etc. Una forma determinada de fuero es el fuero municipal.

Este consiste en el conjunto de normas y privilegios reguladores de la vida municipal, otorgados por el rey o el señor de la localidad o el propio municipio (Madrid) .

En muchos casos las disposiciones jurídicas de los fueros municipales nacieron de la costumbre local, de los fallos judiciales de las autoridades locales y de ordenanzas municipales, y obtuvieron posteriormente la sanción real o de los señores. En otras circunstancias, una Carta puebla u otro privilegio real vino a servir de base o a complementar la redacción del fuero. También hubo ocasiones en que se recogió o adaptó el fuero de otra ciudad, con el deseo de aprovechar los privilegios a ella concedidos.

Hay fueros suplementarios, o sea, otorgados para reglamentar un asunto especial, sin perjuicio del fuero que ya se encontraba en vigencia para todas las demás cuestiones, y de frontera o concedidos a las poblaciones fronterizas. Se habla también de fueros breves, como el de León (1017) y de fueros extensos propios de la baja Edad Media, como el de Cuenca (fines del siglo XII), ateniéndose para esto a si plantean puntos concretos, generalmente de derecho público, o contienen amplias disposiciones legislativas de todo orden.

Los fueros municipales se remontan al siglo VIII. Entre los más antiguos que merecen mención está el de Castrojeriz, del año 974. El número de fueros conocidos excede de un mil, siendo la mayor parte de las regiones de Castilla y León.

Las materias de los fueros son variadas: relaciones entre el señor y sus súbditos, reconocimiento de derechos individuales (nadie puede recibir pena corporal o ser privado de bienes sin sometérsele a un proceso previo, conforme a los trámites legales en vigor), regulación del derecho de propiedad (prohibición de vender heredades a los extranjeros); regulación de la familia conforme a las normas canónicas, etc.

Los fueros municipales tienden, en general, a producir la igualdad legal de los pobladores, sin distinciones religiosas o de clases dominantes fuera de los municipios.

5° El derecho de clases y el personal

Las clases sociales disponen de un conjunto de normas jurídicas propias. Así, con el nombre de Fuero de Burgos se conoce una colección de leyes, inspiradas algunas en el derecho consuetudinario, que se estiman dadas a la clase pechera de Castilla. Por su parte, los nobles cuentan también con sus normas particulares.

Las minorías raciales tienen asimismo sus disposiciones especiales. En Toledo, por ejemplo, la situación es muy compleja. En efecto, al conquistar en 1085 la ciudad, el rey Alfonso VI otorgó un fuero especial a los castellanos repobladores; dio a los "mozárabes" toledanos el *Liber Iudiciorum*, y un fuero especial a los caballeros francos que le ayudaron en la empresa militar. Además los habitantes moros y judíos de Toledo contaron con legislación propia.

IV. El Derecho castellano-leonés en la Alta Edad Media

1° El Derecho privado

a) El Sujeto de Derecho y la capacidad

Sujeto de derecho es el hombre libre. Determinan la capacidad dos elementos esenciales: la vecindad y la comunidad familiar.

a) La vecindad. Cualquier individuo que habite una villa bajo un fuero, sea noble o plebeyo; cristiano, moro o judío, está sujeto a las mismas obligaciones y derechos. El vecino propietario no puede vender, donar, arrendar su casa o tierra, sino a quien fuese vecino. El vecino con casa poblada puede demandar en juicio.

b) La comunidad familiar. El núcleo familiar forma una comunidad patrimonial inmobiliaria, cuya base principal es el bien raíz (casa o heredad). Mientras viva una persona allí y el hogar se mantenga encendido, la división no puede realizarse. En caso contrario la propiedad puede comprarse por un extraño.

Efectos de la comunidad: 1° Nace la responsabilidad colectiva frente a los delitos, la asistencia en juicio de los "conjuratores" y el consentimiento a los hijos para contraer matrimonio. 2° Todo lo que la mujer adquiera durante el matrimonio es de ambos cónyuges y posteriormente debe ser partido por mitad (comunidad de gananciales); la casada no puede comparecer en juicio. 3° Los hijos que están bajo la potestad paterna se llaman "emparentados" y son incapaces de adquirir bienes y de administrar lo suyo. Los "emparentados" dejan de serlo cuando se casan, a cualquiera edad.

Son totalmente incapaces los locos y los esclavos.

b) El Derecho de Familia

El derecho canónico acrecienta su influencia en la constitución de la familia, luchando contra el divorcio que va restringiéndose hasta desaparecer; y rechazando como causales de impedimento para contraer matrimonio la diferencia de la clase social o, en el caso de los siervos, la falta de consentimiento del señor.

La dote era aportada, a la usanza germánica, por el marido. En los fueros municipales, el padre y la madre ejercen conjuntamente la patria potestad.

Los fueros regulan las consecuencias jurídicas, en la prole y en los bienes, de la barraganía o unión libre entre solteros. Asimismo se comprueba la existencia del llamado matrimonio "a yuras", que es el que se realiza sin la bendición de la Iglesia y descansa sobre el juramento de las partes. Ambos sistemas de unión parecen indicar influencia musulmana.

c) Los Derechos reales

El modo más frecuente de adquirir la tierra es la "presura", que consiste en la ocupación y roturación de ella. Se admite también, por influencia musulmana, el ocupar tierras ajenas incultas para vivificarlas. Del mismo origen es el sistema de la aparcería agrícola.

Era frecuente el sistema de los bienes comunales, montes y prados, cuyo uso y disfrute por todos los vecinos constituyó uno de los mejores estímulos dados en las cartas pueblas para atraer gente a una comarca.

Ya se habló antes de la propiedad familiar compuesta de casa y tierra, que no podía enajenarse y que aseguraba la mantención y continuidad del linaje.

d) El Derecho de las obligaciones

Para que un contrato sea válido no basta el solo consentimiento, sino que se exigen ciertas solemnidades. Así, se requiere para la validez de la compraventa que el comprador entregue arras o serial, perdiéndolas en caso de desistirse, o recibiéndolas dobladas en caso de que el vendedor se arrepintiere del contrato. La compraventa ha de hacerse en público ante el consejo en día domingo, después de la misa mayor.

Se mantiene la costumbre germánica de que no es aceptable niguna transmisión gratuita. La donación involucra por la parte beneficiada la obligación de una contradonación (*launegild*) de caballos, vestidos u otros objetos.

Siguiéndose asimismo la tradición germánica, se establece la solidaridad entre fiador y deudor frente a la obligación cantraída por el último, pudiendo así el acreedor exigir a cualquiera de ellos su cumplimiento.

e) El Derecho de sucesión

Tratándose de sucesión intestada, los descendientes legítimos tienen derecho preferencial a la herencia. Los descendientes de primer grado heredan por cabeza, y los de grado más lejano por representación de su padre o madre fallecidos. A falta de descendientes, heredan los ascendientes, y a falta de estos los colaterales, prefiriéndose los más próximos a los más remotos. Cuando son llamados a la herencia los ascendientes y colaterales, rige el principio de troncalidad. Según él, los bienes que el difunto heredó o recibió de sus parientes y no ganó por sí mismo, vuelven a la raíz de donde proceden.

Tratándose de sucesión testamentaria, gran número de fueros exigen a los padres que instituyan a los hijos herederos por iguales partes y no admiten la mejora, salvo en algunos casos el caballo y las armas para el mayor.

2° El Derecho penal y el procesal

De acuerdo con la concepción germánica, el delito produce la ruptura de la paz y la venganza de la sangre. El delincuente incurre en la enemistad *(inimicitia)* del ofendido y está obligado a pagar una multa, que se considera como una indemnización por el perjuicio de carácter económico generado por el delito. Esta indemmización está fijada por el derecho escrito en 500 sueldos para los nobles y en 300 para los hombres libres; pero en las ciudades desaparece la diferencia, pues el derecho municipal impone la igualdad jurídica. Aunque en general el pago de la pena pecuniaria es de cargo del culpable, hay fueros que obligan a los parientes a contribuir a ella. Además el dueño de casa, en su carácter de jefe de la comunidad doméstica, responde de los delitos de sus miembros. El pago de la indemnización pecuniaria no pone término a la enemistad, que puede concluir por el juicio o la reconciliación fuera de este.

Se abre el juicio ante el tribunal del rey, integrado por este y los miembros de la curia; o ante algunos de los tribunales que tienen los condes y que componen bajo su prescidencia, los hombres libres de la comarca *(concilium o* concejo). El litigio se inicia por voluntad de las partes y con exposiciones orales y públicas de ellas. Terminados los alegatos, el rey o el conde designan de entre los miembros de la curia o de la asamblea, según el caso, uno o varios *iudices* cuya misión se reduce a fijar la forma de la prueba y declarar su resultado. Los medios de prueba usados fueron los antiguos germánicos de los "Conjuradores" y de las ordalías, a pesar de que estas son combatidas por la Iglesia.

El juicio termina o por el avenimiento de los contrincantes, o por el reconocimiento que de su culpabilidad hace uno de ellos, o por sentencia. La reconciliación de las partes pone término a la enemistad y simbólicamente se realiza por el beso de paz y, en algunos sitios, por el apretón de manos, hechos ante el concejo.

A veces el delincuente no concurre ante el tribunal o no acata la sentencia, y en ambos casos se mantiene la privación de la paz. Entonces el delincuente es desterrado de la ciudad y después de cierto plazo el afectado tiene derecho a perseguirle y castigarle por sí mismo. Por privilegio especial de los reyes, ciertas ciudades podían servir de refugio a los perseguidos que concurrían a ellas. Asimismo por el Concilio de Coyanza (1055) se restableció el asilo en las iglesias en la forma que existía bajo los godos.

Desde el siglo XI los príncipes, interesados en afianzar la autoridad de la justicia del Estado, logran imponer la intervención de oficio de los tribunales y la necesaria terminación de los procesos por sentencia. A medida que fue desarrollándose la vida municipal, los reyes designaron en vez del conde, de cuya jurisdicción quedaron exentos los municipios, jueces permanentes que en su lugar pasaron a presidir la asamblea. Esta elige a los "alcaldes" o jueces de prueba. Poco a poco la asamblea general deja de reunirse y acaban el juez y los alcaldes administrando ellos la justicia. En varios casos la condición del juez y alcalde se confunde en un solo funcionario.

Cuadro cronológico de la Alta Edad Media española

722
Batalla de Covadonga. Se inicia la Reconquista española

940
Fernán González, conde de Castilla se independiza de León

1017
Se dicta el Fuero de León

1031
Abolición del califato de Córdoba

1035
Institución del reino de Castilla con Fernando I

1085
Conquista de Toledo por Alfonso VI

1188
Se reúnen las Cortes de León y se dicta la "Carta Magna Leonesa"

1212
Alfonso VIII de Castilla vence en las Navas de Tolosa a los almohades.

CUARTA PARTE

Baja Edad Media
La recepción del Derecho Común

(1217-1474)

El siglo XIII marca la cumbre de la civilización medieval europea. Es la época del desarrollo de los municipios, de los gremios, de las universidades. El arte ojival (o gótico) tiene expresiones culminantes en Francia y España. En la filosofía Santo Tomás de Aquino realiza la síntesis armónica de la "Suma Teológica"; Alfonso X de Castilla produce en el campo del derecho la magna obra de las Siete Partidas; y en la poesía Dante alcanza la cima con la "Divina Comedia". Pero con el siglo XIV se abre camino el proceso de disgregación del alma medieval.

I. El desarrollo Histórico[10]

A. La época del esplendor

El siglo XIII se abre promisoriamente en España con el triunfo sobre los musulmanes en las Navas de Tolosa (1212). La reconquista toma desde entonces un carácter acelerado. Fernando III, el Santo (1217-1252), hijo de Alfonso IX de León y de Berenguela, reina de Castilla, unifica definitivamente ambas coronas y avanza por Andalucía incorporando, entre otras, las ciudades de Córdoba (1236), Jaén y Sevilla (1248). Por el tratado de Almizra se fija el área de expansión de las dos grandes monarquías hispanas: Castilla y Aragón. Esta última se orienta definitivamente al Mediterráneo con la conquista de Valencia y las Baleares que realiza su rey Jaime I.

A la muerte de Fernando III, asciende al trono su hijo Alfonso X el Sabio (1252-1284), que demostró mayores condiciones de intelectual que de gobernante. Como veremos en su oportunidad, su reinado fue muy prolífico en el campo de la legislación, al punto que suele designarse a Alfonso con el calificativo de Justiniano español. Durante su gobierno la reconquista tiene un escaso avance con la toma de Cádiz, mientras la lucha interna contra la nobleza, a la que el monarca pretende abatir, toma cada vez más cuerpo hasta provocar en 1282 la reunión de unas cortes en Valladolid en las que el partido adverso al rey obtiene su destitución. Huyendo de sus enemigos políticos y después de haber experimentado, además, el fracaso en su tentativa de coronarse como emperador de Alemania, murió Alfonso en 1284.

B. El declinar

Si bien los reyes siguientes: Sancho IV (1284-1295) y Alfonso XI (1312-1350) logran tomar Tarifa y Algeciras, respectivamente, y controlar así el Estrecho de Gibraltar, la empresa de la reconquista decrece. Ocupan, en cambio, sitio preponderante las luchas entre la realeza que pugna por constituirse en poder absoluto, sin lograrlo, y los nobles, que persisten en conservar y acrecentar sus privilegios. En 1369 el bastardo Enrique de Trastámara derroca a su hermano Pedro I, el cruel, apoyándose en la nobleza tumultuosa que este había querido sojuzgar. En el siglo siguiente Juan II (1406-1454) y Enrique IV, (1454-1474), débil uno e incapaz el otro, conducen al más ínfimo estado de dignidad a la realeza.

II. El medio social y político[11]

1° La población

A medida que avanza la reconquista, un número creciente de población musulmana queda enclavado en tierra cristiana. Estos habitantes, llamados moros o mudéjares, gozan de libre ejercicio de su culto y sus costumbres.

Otro grupo racial extraño es el judío. Su situación en el reinado de Fernando III es muy favorable. Pero la acumulación de las riquezas, obtenidas en gran parte por los negocios usurarios, les concitan la animosidad popular, al punto de que a principios del siglo XIV se producen frecuentes matanzas de judíos. La Iglesia los defiende de la violencia y procura llevarlos a la fe católica por la persuasión. Un ensayo en este sentido lo constituye la predicación en Valencia de San Vicente Ferrer, que obtiene la conversión de muchos de ellos. También en Castilla se producen algunas conversiones notables, como la del rabino de Burgos, Pablo de Santa María, que llega a ocupar el cargo de Obispo de Cartagena (Siglo XIV).

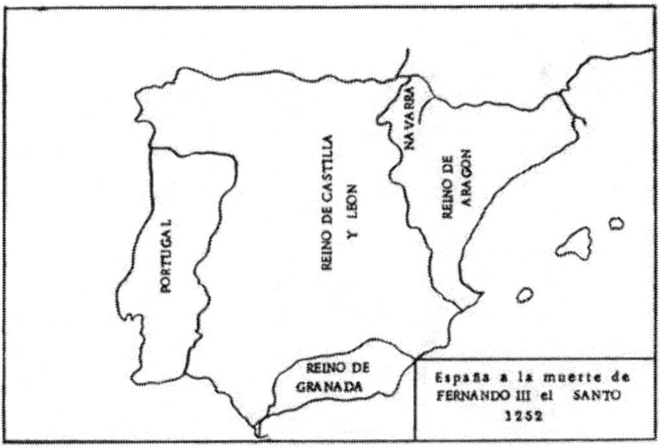

2° Las clases sociales

La nobleza acrecienta su poder y para afianzar su estabilidad económica funda mayorazgos. El clero decae con el ingreso de segundones sin vocación religiosa. El desarrollo de la vida municipal produce el crecimiento de la clase de los ciudadanos. Los solariegos adquieren su completa liberación en el siglo XIV.

3° El municipio

La vida rural va cediendo sitio a la vida urbana. Las ciudades adquieren gran desarrollo, dando origen a una nueva clase adinerada en la que se reclutarán de preferencia los letrados y juristas. El régimen municipal adquiere un carácter aristocrático. La asamblea general va siendo convocada cada vez menos y el gobierno queda entregado a una minoría que lo ejerce a través de un pequeño consejo. Alcaldes y regidores reunidos forman el Ayuntamiento o Cabildo.

Por su parte, los reyes, deseosos de intervenir en la vida de los municipios y tutelarla, envían a ellos representantes con el título de Corregidores, que poco a poco supeditan a los Alcaldes.

4° Los gremios

Íntimamente vinculado al desarrollo de la vida municipal está el nacimiento de las asociaciones de oficios. La formación de las ciudades constituyó un paso de la economía rural a la urbana y un motivo de desenvolvimiento de la vida comercial e industrial. En el siglo XI se advierte ya en España la presencia de una asociación de artesanos en Santiago de Compostela, nacida con motivo de la construcción de la Catedral. A este colegio de artistas y constructores se agrega allí mismo una corporación de cambiadores y otra de posaderos, para atender a los peregrinos que afluían al santuario. Estas corporaciones aparecen en un principio entremezcladas con las cofradías religiosas, de las que vienen en realidad a diferenciarse solo algunos siglos más tarde. Dentro de las asociaciones existe una jerarquía rigurosa: aprendices, compañeros y maestros, y un control estricto en el desempeño del oficio.

En el siglo XIII los gremios adquieren representación en el gobierno del municipio y llegan a disponer de milicias propias.

Particular importancia toma el consejo de la Mesta o corporación de ganaderos, que dispone de alcaldes y ordenanzas propios y obtiene singulares privilegios de Alfonso X.

5° Las cortes

El gran desarrollo adquirido por las ciudades las lleva también a enviar sus representantes a la Curia plena y a integrarse, en consecuencia, en la comunidad política. La presencia de los delegados de las ciudades en la Curia plena data, por lo menos, de 1188 en León y Aragón y de 1250 en Castilla, y origina un cambio fundamental en la estructura de esta corporación, dando así nacimiento a las Cortes, o asamblea formada por todos los componentes del reino.

Los delegados de la nobleza y del clero acuden a las cortes, como representantes de sus respectivas clases y no como vasallos del rey. Los diputados de las ciudades, llamados procuradores en Castilla y Síndicos en la corona de Aragón, tienen mandato imperativo y deben ajustarse rigurosamente a las introducciones recibidas.

Las Cortes debían prestar su autorización a los tributes extraordinarios, recibir el juramento del rey al ocupar el trono, nombrar a este tutor, si era menor de edad, declarar la guerra y concertar la paz, etc. La potestad legislativa radicaba en el rey y solo a partir de las Cortes de Briviesca en 1387, se dispuso que el rey podría legislar por si solo cuando se trataba de resolver casos nuevos, pero que requería de la intervención de las Cortes, en case de modificar lo vigente.

La decadencia de la vida municipal trae consigo la de las Cortes, que al finalizar la Edad Media van perdiendo su importancia frente al poder real que se acentúa.

6° La administración de justicia

En los municipios ejercen las funciones de jueces los Alcaldes. La justicia del rey, que se impartía en la Alta Edad Media al través de la Curia Regia experimenta ahora algunas transformaciones. Bajo Alfonso X se crean los Alcaldes de corte que conocen de algunos asuntos llamados "casos de corte". Enrique II (siglo XIV) crea la Audiencia, compuesta de oidores, dependientes de la

Chancillería que guarda el sello real. Esta Audiencia es ambulante. A partir de Juan I (siglo XIV) se llama Chancillería y se fija un tiempo en Segovia y después suele funcionar en Valladolid.

III. Las fuentes del Derecho[12]

1° Carácter del Derecho

El derecho de origen popular va siendo reemplazado por un derecho nuevo de carácter científico. Se recepciona en España el "derecho común" (romano-canónico) elaborado en Italia. Este nuevo derecho encuentra en los juristas sus expositores y en la ley su fuerza de aplicación. Los reyes legislan con o sin el concurso de las cortes. Las disposiciones de estas últimas se denominan en Castilla ordenamiento o leyes, mientras las normas dadas por el rey solo se llaman pragmáticas. La ley limita la vigencia de la costumbre, que en la Alta Edad Media había sido la fuente principal del derecho, y comienza a restituir al derecho territorial su predominio, sobre el local, favoreciendo esto la unificación jurídica.

El derecho antiguo, fundado en la costumbre, subsiste, pero evoluciona. Así, las "fazañas" irán perdiendo su carácter casuista para transformarse en un principio abstracto de aplicación estable. Además, se irán coleccionando. Por su parte, en el derecho municipal se va produciendo una tendencia unificadora a través de la similitud de los fueros.

En suma, nota distintiva de la época será el proceso unificador que se irá realizando paulatinamente, sea por vía territorial, sea por vía local.

2° El renacimiento del Derecho Romano y su recepción en España

a) Desde fines del siglo XI se había ido operando en Italia un renacimiento en los estudios del derecho romano, cada vez más olvidado por la hegemonía del derecho germánico. Esta restauración encontró su centro de expansión en la Universidad de Bolonia, donde eparecen los llamados glosadores, encabezados por Irnerio, que se ocupan de componer breves comentarios marginales al texto del Digesto y de las Novelas de Justiniano. La obra de los glosadores se difunde y encuentra seguidores en el resto de Italia y sur de Francia. Estas glosas ayudaron a difundir el derecho de Justiniano entre los juristas teóricos. Para darlo a conocer entre los prácticos que no sabían latín, un glosador anónimo redactó en Arlés, en lengua provenzal, en la mitad del siglo XII, una suma llamada Lo Codi, que se tradujo a varios idiomas, entre ellos el castellano.

En el siglo XIII la escuela de los glosadores alcanzó su mayor altura con Azo de Bolonia que redactó una Suma Codicis.

A la creación de la glosa original siguió la de la recopilación de las glosas, tarea que culmina con Accursio, autor de la Magna glosa. Este reunió todas las glosas anteriores y buscó la manera de conciliar sus puntos discordantes. Desde este momento cesa el estudio directo de los textos y la enseñanza se reduce al recuento de opiniones de los glosadores y su discusión.

b) Paralelo a los glosadores romanistas actúan los glosadores canonistas. En efecto, el movimiento emancipador de la Iglesia de la tutela estatal y la tendencia centralizadora encabezada por Gregorio VII en el siglo XI, favorecen la unificación y desarrollo del derecho canónico. A las formas nacionales del derecho canónico sucede el derecho canónico universal que se da desde Roma.

Se practican diversas recopilaciones canónicas que agrupan las leyes canónicas nacionales y las nuevas pontificias. El monje Graciano, profesor de Bolonia, redacta por 1140 una obra doctrinaria denominada habitualmente Decreto, que utiliza, entre otras fuentes, la Colección "Hispana" de San Isidro de Sevilla. Los canonistas aplican el método de los glosadores al Decreto de Graciano y se les denomina decretistas. Asimismo estas glosas acabarán siendo recopiladas por Juan Teutónico (m. 1245) en la Glosa ordinaria.

Como las leyes pontificias aumentan con el tiempo, el español San Raimundo de Peñafort redacta una Colección de Decretales que promulga el papa Gregorio IX en 1234. A ellas se añadirán sucesivamente el *Liber sextus* de Bonifacio VIII (1298) y la Colección "Clementina" de Clemente V (1317). El concilio de Basilea de 1441 declaró que estas tres obras, junto con el Decreto de Graciano, forman el *Corpus juris canonici*.

Se dio el nombre de decretalistas a los glosadores de las Decretales. Entre ellos sobresale Enrique de Susa, llamado el Ostiense. Su trabajo, como el de los decretistas y glosadores romanistas, acabó estatificándose en una Glosa ordinaria, de que fue autor Bernardo de Parma (m. 1263).

c) Como una reacción a la repetición servil de la glosa de Accursio y de las ordinarias de los canonistas, brotó en Francia un nuevo sistema que allí bebió el italiano Cino de Pistoya (1270-1336). Consistió en introducir el método dialéctico escolástico en el estudio del derecho romano. Así se abstraen de las normas concretas los principios generales y asociando enseguida estos, se deducen numerosas consecuencias y aplicaciones nuevas. En esta obra se distinguen Bartolo de Sassoferrato, Juan Andrés y Baldo de Ubaldi, siendo conocidos todos en el nombre de bartolistas, comentaristas o posglosadores.

La aplicación de este método de estudio al derecho romano y canónico y en menor escala al derecho feudal de Lombardía y al de las ciudades italianas, da origen a un sistema jurídico nuevo que se denominó *ius commune o* Derecho común. Su carácter orgánico y científico hace que los juristas y jueces lo consideren la razón escrita valedera para toda la cristiandad y la acojan y prefieran al derecho nacional. Por otra parte los monarcas, interesados en robustecer su autoridad debilitada por el feudalismo, encuentran en las nuevas doctrinas apoyo a sus intentos absolutistas y centralizadores. Las Universidades le servirán de cauce de expansión.

d) En España se advierte la penetración romanista desde fines del siglo XII, produciéndose un gran desarrollo de los estudios jurídicos. Van españoles a la Universidad de Bolonia, entre ellos Raimundo de Peñafort y acaso el Arcediano de Zamora, Fernando Martínez, que fue autor de una "Suma" jurídica en castellano, y de un trabajo de Derecho Procesal, la "Margarita de los Pleitos". Otro jurista de nota en España fue entonces el Maestro Jacobo "de las leyes", juez real, de posible origen italiano. Fue autor de tres obras de Derecho procesal: "Las Flores del derecho", el "Doctrinal de las leyes" y los "Nueve tiempos de los pleitos". Junto a él hay que recordar también el nombre de Roldán, redactor del "Ordenamiento de las Tafurerías".

Dentro de España la fundación de las Universidades de Valencia, Salamanca y Valladolid, en el siglo XIII, y de Lérida y Huesca en el XIV, ayuda a la difusión del "derecho común". De esta manera, llega pronto a dominar en Valencia y Cataluña y a hacer una primera aparición en Castilla en el Fuero Real, que sería seguida del culminante esfuerzo de las Partidas, código romanista por excelencia.

3° La unificación jurídica por la vía local

a) Desde fines del siglo XII se produce una tendencia unificadora del derecho local. En lugar de redacciones locales, propias de cada concejo, se propende a la redacción de un fuero extenso que se concede a varias poblaciones. En Castilla, Alfonso VIII, otorga el Fuero de Cuenca. Su objeto es acabar con la indeterminación del derecho no escrito y sustituirlo por la ley fija. Esta ley que vendrá a reemplazar al derecho consuetudinario no es en realidad sino una captación del derecho foral vigente. Pero, aunque recoge derecho castellano consuetudinario, el Fuero de Cuenca capta asimismo instituciones romanas y es sin duda obra de jurisconsultos romanizantes. Su área expansiva fue tan grande y tan amplia su ramificación, que ha podido hablarse legítimamente, por entroncar con él otros cuerpos del derecho local, de la familia del Fuero de Cuenca. De él parten copias, adaptaciones y transcripciones de trozos. Al grupo de Cuenca pertenecen los Fueros de Teruel, Salamanca y Cáceres. Del de Teruel nacen varios aragoneses; y del de Salamanca otros de las tierras de León y Portugal. A través del Fuero de Soria, que también deriva del de Cuenca, influye este en la legislación general, puesto que el Fuero de Soria sirvió de base a la elaboración del Fuero Real ordenada por Alfonso el Sabio.

Aparte del Fuero de Cuenca hay otros que también revisten el carácter de Fueros tipos, es decir, que sirven de modelo a la elaboración de cuerpos equivalentes. Tienen este carácter el Fuero Juzgo y el Fuero Real.

b) Fernando III, influido por el romanismo, ordena traducir a la lengua romance el antiguo *Iudiciorum*. Esta versión nueva, que altera en más de un pasaje el texto latino original, se denomina Fuero Juzgo y se dio como fuero municipal entre otras a las ciudades de Córdoba (1241), Sevilla y Jerez de la Frontera.

c) Alfonso X, por su parte, redacta el Fuero Real o Fuero de las Leyes, con intención unificadora y lo concede, en primer término a Aguilar de Campo en 1255 y enseguida a otras ciudades como Soria, Sahagún, Burgos y Valladolid, algunas de las cuales, como la primera, ya tenían fuero propio. En su elaboración se mezclaron principios del derecho común con normas del derecho tradicional, utilizándose como fuente el *Liber Iudiciorum* y el Fuero de Soria, de la familia del de Cuenca. Consta de cuatro libros que tratan de derecho canónico, político y procesal. Sus disposiciones de origen romanista provocaron sublevaciones en algunos sitios, al punto de que fue preciso restablecer allí los antiguos fueros municipales vigentes. No obstante su importancia queda acreditada con la dictación por Alfonso X de las "Leyes nuevas" que resuelven las dudas que los Alcaldes tienen sobre la aplicación de disposiciones del Fuero Real; y por la aplicación que a este da el tribunal de la corte, cuyas decisiones al respecto serán después reunidas en una Colección denominada "Leyes de Estilo". Además en 1332 se concedió el Fuero Real como ley territorial a la provincia de Alava cuando se la incorporó a Castilla. En fin, en 1348, por el Ordenamiento de Alcalá y en 1505 por las Leyes de Toro, se le incluye dentro del orden de prelación de la legislación general.

4° La unificación jurídica por la vía territorial

De un lado la labor privada recopiladora de los juristas y del otro la tarea legislativa de los reyes, contribuyeron a unificar el derecho territorial de Castilla y extender su importancia. El derecho recogido por los primeros es el tradicional; el promulgado por los segundos, en cambio, consulta una recepción progresiva del derecho común, sin excluir por completo disposiciones del viejo derecho.

A. La labor privada

Tiene una doble etapa: primero de redacción y luego de recopilación del derecho territorial.

Alfonso VIII dispone en 1212 que se redacten las costumbres para después confirmarlas. Varios juristas, de manera independiente, realizan esta labor. Su tarea cesa en la segunda mitad del siglo XIII, en que comienza la tarea de recopilación de los textos. Dos colecciones importantes de juristas anónimos merecen aquí señalarse:

a) El Libro de los Fueros de Castilla, escrito en la segunda mitad del siglo XIII, que agrupa a costumbres territoriales, fazañas y privilegios reales, y

b) El Fuero Viejo de Castilla. Se redacta en 1356 bajo Pedro I. Para algunos se trata de un fuero nobiliario o clasista. Otros, siguiendo a Galo Sánchez observan que también contiene disposiciones de carácter territorial extrañas a la nobleza. Existen dudas sobre si obtuvo sanción legal, inclinándose la mayor parte por estimarlo una simple recopilación privada. No obstante, hay que tener presente que más tarde la ley 1ª de Toro (1505), hace referencia al Fuero Viejo como fuente legislativa capaz de ser invocada.

B. La labor oficial

Tres reyes principales buscan la unificación del derecho territorial, acogiendo para esto, de preferencia, el derecho común. Son Fernando III, Alfonso X y Alfonso XI.

A Fernando III se atribuye la formación de consejo de doce sabios para que lo asesoraran en la tarea unificadora, hecho que niega Menéndez Pelayo. Como eco de sus propósitos e inquietudes, quedan el Septenario, obra más filosófica que jurídica, proseguida por su hijo Alfonso X, de la que se conoce solo el prólogo y un fragmento sobre materias religiosas; y el Libro de la nobleza y lealtad, colección de consejos morales para los monarcas. De mayor eficacia práctica fue la traducción al romance que mandó hacer del *Liber Iudiciorum* para facilitar la unificación jurídica por la via local, como ya se dijo anteriormente.

En cuanto a la tarea de Alfonso X y de Alfonso XI merecen por su importancia párrafo aparte.

5° La labor jurídica de Alfonso X, el sabio

A la dictación del Fuero Real, como medio de producir la unificación por la vía local, hay que añadir, como aportes del rey Sabio en el campo del derecho territorial, el Espéculo, las Partidas y diversos opúsculos legales.

a) El Espéculo

Su nombre primitivo fue "Libro del fuero" o "de las Leyes". Los copistas y juristas del siglo XIV le denominaron "Espéculo". Estaba ya redactado a principios de 1260.

Se conocen de él solo los cinco primeros libros. Tiene similitudes con el Fuero Real y las Partidas y una marcada influencia romana y canónica. Se cree por algunos que haya sido un proyecto preparatorio de las Partidas. García Gallo estima que es la redacción originaria de estas últimas.

b) Las Partidas

Esta obra jurídica denominada en un principio "Libro de las Leyes", recibió más tarde su actual nombre de las siete secciones o "partidas" en que está dividido. Su redacción, según la interpolación de un copista del siglo XIV, se inicia en 1256 y termina en 1263. Se estima que bajo la dirección personal de don Alfonso trabajó en su elaboración una comisión compuesta de los principales juristas españoles de entonces. El profesor Galo Sánchez ha sostenido últimamente con fundamento la redacción de la tercera Partida por el Maestro Jacobo y ha avanzado la hipótesis de que las contradicciones que se advierten a lo largo del código se deben a que cada Partida fue encomendada a un jurista distinto.

Las fuentes de Las Partidas son muy variadas. En primer término se usaron el *Curpus iuris civilis* y las obras de los romanistas Azo y Accursio; las "Decretales" de Gregorio IX y los escritos de los canonistas, entre ellos el Ostiense (Enrique de Susa, Cardenal de Ostia en el siglo XIII, exaltador del poder temporal universal del Papado). A estas fuentes básicas se añadieron las obras filosóficas de Aristóteles y Séneca, la Biblia y los textos de los Padres de la Iglesia, los tratados de Boecio, San Isidore y Santo Tomás, libros orientales, como "Poridad de poridades", las "Flores del derecho", y el "Doctrinal de las Leyes", del Maestro Jaboco, de las que se incorporaron trozos íntegros; los *Libri Feudorum*, o recopilaciones glosadas del derecho feudal de Lombardía; y la colección de costumbres del Derecho comercial marítimo del Mediterráneo, denominada Roles de Olerón.

Se ha discutido si Alfonso X redactó las Partidas con la intención de darlas como código o simplemente como obra doctrinal. A pesar de que la redacción, a menudo más filosófica que legisladora, confirmaría esta última opinión, hay que recordar que en las Partidas se dice expresamente que ellas se dictaron en vista de la abundancia y confusión legislativa y solo para que por ellas se juzgara. No obstante se ignora si el monarca alcanzó a promulgar las Partidas. Algunos lo creen así y afirman que el destronamiento del Rey Sabio por su hijo Sancho habría suspendido la vigencia del código. Gaspar Melchor de Jovellanos, en su "Carta sobre el origen y autoridad legal de nuestros Códigos al Doctor Juan Nepomuceno San Miguel" (1797), sostiene que los descendientes de Sancho IV hicieron desaparecer el documento de promulgación de *Las Partidas*, porque la doctrina de este código colocaba en tela de juicio sus derechos a la corona. En efecto, dice: "Las Partidas" establecen el derecho de representación en la sucesión del trono, derecho que fue abiertamente resistido por don Sancho, que arrebato la corona referida por el al hijo del Infante de la Cerda (ya muerto), su hermano mayor. A don Sancho sucedió don Fernando IV y a este el legislador de Alcalá. ¿Qué mucho que tratase de debilitar la autoridad de aquel código?

García Gallo cree que resistida la aplicación de "Las Partidas" por las ciudades se relegó su aplicación a los "Pleitos del rey", es decir a los "casos de corte" reservados a su exclusivo conocimiento. De ahí que en la práctica habría quedado casi sin aplicación y los juristas la consideraron como una obra doctrinal excelente, cuyo texto reelaboraron a su antojo.

Cualquiera que sea el valor de esta hipótesis, el hecho es que Alfonso XI, por el Ordenamiento de Alcalá, en 1348, dio fuerza legal a las Partidas en el carácter de derecho supletorio entendiendo que realizaba así por primera vez su promulgación. "como quier-advierte en la ley I, título 28, del Ordenamiento, hasta aquí non se falla que sean publicadas por mandato del rey, nin fueron habidas por Leyes".

Aún aceptada esta promulgación tardía, hay que advertir que la influencia del código alfonsino fue grande antes del Ordenamiento de Alcalá. Su enorme superioridad técnica frente a los demás cuerpos legales españoles, la belleza de su lenguaje castellano y el arte de su exposición, le dieron considerable prestigio dentro y fuera de Castilla. Sirvió de texto de estudio en las universidades y fue traducido al catalán, al portugués y al gallego.

El contenido de Las Partidas lo analizaremos más adelante.

c) Los Opúscules legales

Se comprenden bajo este nombre las Leyes de los adelantados, que reglamentan las atribuciones de estas autoridades militares y administrativas; el Ordenamiento de las Tafurerías, redactado por Roldán, que reglamenta las casas de juego pertenecientes al Estado y municipios; la ley de Mesta, referente al funcionamiento del Concejo de la Mesta, corporación de los ganaderos, y las llamadas Leyes nuevas, que abarcan diversas materias, entre ellas el préstamo a interés y disposiciones aclaratorias del Fuero Real, dadas para resolver dudas a los Alcaldes de Burgos.

6° El derecho de las Partidas

El Código de las Partidas consta de un Prólogo y de siete secciones o Partidas que analizaremos separadamente.

Prólogo:
Se señala el objeto de la obra que es, por una parte, ilustrar a los reyes acerca de los derechos con que han de "mantener los pueblos en justicia et paz" y por otra, señalar a los súbditos la verdad religiosa y jurídica.

Partida I

En los títulos I y II se plantea el concepto de ley fundado especialmente en la moral, en forma de que "los mandamientos de ella deben ser leales y derechos e cumplidos según Dios e según justicia".

Los títulos III a XXIV de la misma Primera Partida van dedicados al Derecho Público Eclesiástico. Se refieren a los dogmas de la Iglesia, a los sacramentos, a la organización eclesiástica. Se reconoce al matrimonio religioso único valor legal. Se exime al clero de todos los tributos y servicios y se le concede inmunidad personal. El derecho de asilo en las iglesias se restringe a los autores de delitos menos graves y no se acepta para los homicidas, ladrones y salteadores, pues se estima esto último contrario a la enseñanza de Jesús de "que la su casa era llamada casa de oración et non debe ser fecha cueva de ladrones".

Partida II

Los títulos I a XXX abarcan el Derecho Público. Se establece el origen divino de la soberanía y que los reyes tienen el carácter de "vicarios de Dios, cada uno en su reino, puesto sobre la tierra para mantenerla en justicia et en verdad quanto en lo temporal, bien así como el emperador en su imperio". El rey puede adquirir legítimamente el reino: por herencia, por elección, no habiendo herederos; por matrimonio con la heredera del reino; y por nombramiento del Papa o del Emperador. La potestad real está templada por los principios de la religión y la moral. La tiranía está censurada expresamente. Se prohibe al rey enajenar o dividir el reino. Al pueblo se le señala su obligación de guardar la persona y bienes del rey y su familia.

El Título XXXI está dedicado a la enseñanza disponiéndose en él que los establecimientos educacionales se encuentren en lugares apartados de las ciudades, y que reúnan condiciones de higiene. Los maestros constituyen una corporación que elige su jefe o rector. Los escolares gozan de fuero, no pudiendo ser juzgados sino por los maestros y el Obispo.

Partida III

Del Título I al XXIII trata de los procedimientos civiles. Se inicia con un elogio de la virtud de la justicia y de los requisitos que han de reunir los jueces. No pueden ser abogados ni las mujeres ni los menores de diecisiete años. Se legisla en general sobre la prueba, los plazos, pesquisas, resoluciones de los pleitos, alzadas y ejecuciones de las sentencias.

En los Títulos XXIII a XXXII se estudia el derecho de propiedad. Se consideran de uso común los ríos, puertos, riberas y caminos. Se reconoce también la existencia de la propiedad comunal de las villas y ciudades, otorgándose tal carácter a las fuentes, plazas, lugares de reunión del Concejo Municipal, ejidos, montes y dehesas de sus pertenencias.

Partida IV

Desde el título I hasta el XIX trata esta partida del matrimonio y la familia, confirmándose en detalle lo dispuesto en la Partida I sobre su carácter sacramental y sujeto a la ley canónica. Se establece la patria potestad del padre sobre la persona del hijo, prohibiéndose al primero castigarle hasta causarle la muerte, como asimismo empeñar o vender al hijo, salvo en este último caso cuando se encontrase sitiado en un castillo y sin alimento. Se priva del derecho a la herencia a los hijos ilegítimos. La dote la aporta la mujer, de acuerdo con el derecho romano.

Del título XX a XXVII se ocupa esta Partida de los diversos vínculos de dependencia que pueden existir entre los hombres. Reconoce la existencia de la esclavitud, pero no su justicia, estimándola por el contrario "la mas vil cosa de este mundo" fuera del pecado. En cuanto a la servidumbre, reglamenta también los derechos del señor, prohibiendo a este matar, herir, y dejar expuesto al hambre al siervo. El siervo vejado puede recurrir al juez, quien puede disponer su venta a otro amo, para liberarlo del dueño cruel, entregando el precio a este último. Se refiere también esta Partida al feudo, definiéndolo como el "bienfecho que da el señor a algún hombre porque se toma su vasallo et le hace homenaje de ser leal". Por último se trata aquí del vínculo de la amistad, encareciéndose sus excelencias.

Partida V

Legisla sobre los contratos de mutuo, préstamo o comodato, depósito, donación, compra-venta, cambio, estipulación o promesa, locación, fianza y prenda. Se declara nulo todo contrato de usura, debiendo el deudor devolver exactamente la suma que le fue prestada.

El mutuo consentimiento es suficiente para producir la validez en el contrato de compra-venta. Si el vendedor ha recibido arras o señal en garantía del cumplimiento del contrato, puede desistirse del mismo devolviendo las arras dobladas, y otro tanto puede hacer el comprador dejando perder las arras.

Se incluyen también en esta Partida importantes disposiciones de derecho comercial.

Partida VI

Se ocupa de la sucesión por causa de muerte y de las tutelas o curatelas. Aquí no se da preferencia, como en los fueros, a los ascendientes sobre los colaterales en la sucesión intestada, sino que se llama a unos y a otros conjuntamente. Además se atiende al sistema lineal y no al principio de troncalidad, dominante en los fueros municipales. Según este último, los bienes que el difunto heredó o recibió de sus parientes vuelven a los individuos de la misma familia de donde ellos procedían. En cambio en el sistema lineal no se considera para nada la procedencia de los bienes sino la mayor cercanía en el grado de parentesco.

La capacidad para testar comienza en los hombres a los 14 años y en las mujeres a los 12.

A diferencia del derecho germánico y siguiendo en estos el derecho romano, se consigna la necesidad de instituir heredero en el testamento. Acogiendo asimismo la legislación de Justiniano, se establece como legítima de los hijos, si no pasan de cuatro, la tercera parte de la herencia y la mitad si exceden de este número. A falta de descendientes y ascendientes, tienen derecho a heredar los hermanos. El hijo natural hereda una sexta parte del haber del padre si este muere intestado y sin hijos legítimos.

Se reglamentan las tutelas y curatelas.

Partida VII

Trata del procedimiento penal en los títulos I a VI y XX al XXXIII.

No pueden ser acusados por ningún delito los menores de diez años y medio y los dementes. El juez ha de aplicar todos los medios de prueba para establecer el hecho y la responsabilidad del acusado y si se comprobare su inocencia sancionará al acusador con la pena a que el reo habría sido condenado si se hubiera probado su culpabilidad.

Se dispone la existenda de dos alzadas o apelaciones contra una sentencia; y cuando no haya derecho de apelación puede usarse el derecho de suplicación que se considera merced del rey.

Se reglamenta detenidamente el "riepto" o duelo judicial, que está reservado a la nobleza. Procede su celebración en caso de delitos de traición o alevosía, entendiéndose por tales los que afectaren a la honra y persona y no a la propiedad. El ofendido ha de solicitar del rey autorización para retar a duelo. El rey procurará el avenimiento de las partes y si no se obtiene, autorizará al afectado, quien en presencia de doce caballeros retará públicamente a duelo al ofensor. Este último deberá presentarse a la lucha dentro del plazo que se le ha fijado, por sí o por representante, y si así no lo hiciere, el Rey lo declarará culpable por traidor y alevoso, autorizando a quien lo encontrare a darle muerte.

Se acepta el tormento como medio de prueba, pero no se puede imponer a los menores de catorce años, a los caballeros, maestros de las leyes o concejales de alguna ciudad.

Al Derecho penal están dedicados los títulos VII a XIX de la misma Partida.

Los jueces para aplicar la pena han de atender a la intención del delincuente; si el hecho fue a sabiendas ha de aplicarse por él la pena establecida en cada caso; si solo hubo culpa, se rebajará la pena; y si el hecho se verifica por hecho fortuito, no ha de imponerse pena alguna.

Queda libre de pena el que se propuso ejecutar un delito y antes de darle ejecución se arrepintió de ello. En el caso de la tentativa, esto es, cuando se ha realizado plenamente por causas independientes de la voluntad del ejecutor, se considera culpable a este.

Se establece la desigualdad ante la ley penal, disponiéndose penas mayores para el siervo que para el libre, para el hombre villano que para el hidalgo. Asimismo el delito que se comete de noche o en una iglesia, o en casa del Rey, o en lugar donde juzgan los alcaldes, o en el caso de muerte o traición, ha de recibir una pena mayor. En el caso de las penas pecuniarias ha de aplicarse menos pena al pobre que al rico.

En cuanto a las penas aplicadas, se enumeran las siguientes:

1. Muerte o pérdida de un miembro;
2. Trabajo perpetuo en las minas del Rey;
3. Destierro perpetuo con confiscación de bienes;
4. Cárcel perpetua, que solo se aplica a los siervos;
5. Destierro perpetuo sin confiscación de los bienes del delincuente;
6. Infamia, privación o suspensión del oficio;
7. Azotes o heridas públicas, o exposición del reo desnudo y untado de miel para sufrir las incomodidades de las moscas.

Están prohibidas las penas de crucifixión, apedreamiento y despenamiento, marcas o quemaduras en la cara, cortar las narices o sacar los ojos.

Nadie puede ser condenado por simples presunciones. Se recomienda a los jueces inclinarse más al perdón que al castigo.

7° Alfonso XI y el ordenamiento de Alcalá

La multiplicidad de la legislación y la pugna entre el derecho territorial y el local, habían introducido una confusión a la que era urgente poner término. Alfonso XI, deseoso de concluir con esta anarquía legal y de introducir una jerarquía en el uso de las fuentes de derecho local y del territorial, dictó en 1348 un conjunto de leyes en las Cortes de Alcalá de Henares, que se conocen con el nombre de Ordenamiento de Alcalá. Aprovecha y refunde ordenamientos anteriores y contiene disposición sobre derecho procesal, derecho contractual y sucesorio, derecho penal, orden de prelación de las leyes de derecho nobiliario.

Por lo que toca el orden de prelación, establece en la ley 1ª del título 28 que en primer término se aplicarán las disposiciones propias del Ordenamiento; en segundo lugar el Fuero Real y los fueros municipales y nobiliarios "en aquellas cosas que se usaren, salvo en aquellas que Nos fallaremos que se deben mejorar o enmendar, en las que son contra Dios, contra razón a contra ley", y en tercer lugar las Partidas como legislación supletoria. En caso de duda o ausencia de ley para fallar, había que acudir al rey para que aclarara el contenido de la disposición oscura o dictara una nueva ley. No se da cabida ni a la costumbre, ni a las decisiones judiciales, ni a la doctrina de los jurisconsultos.

El Ordenamiento de Alcalá constituye un paso considerable en la unificación del derecho territorial castellano, lo que no impide que se sigan concediendo algunos fueros hasta el siglo siguiente, aunque desde entonces los monarcas, al confirmar un fuero, suelen exceptuar lo que se oponga a las leyes del Ordenamiento.

8° La pugna entre el Derecho legislado y los juristas del Derecho Común

Los esfuerzos realizados por el Ordenamiento de Alcalá para ordenar las fuentes jurídicas resultaron vanos. Como en las Universidades se estudiaba solo el derecho romano y el canónico, los jueces y abogados invocaron en los pleitos las opiniones de los jurisconsultos del derecho común, no solo a falta de ley, sino con prescindencia de la existente. Don Juan II trató de contener en parte este abuso, dictando en 1427 una Pragmática por la que se prohibió a los abogados, bajo pena de privación de oficio, alegar ante los tribunales la opinión, autoridad o glosa de cualquier legista o canonista posterior a Juan Andrés y Bartolo.

Este nuevo intento de limitación del romanismo no tuvo tampoco ningún resultado.

Cuadro cronológico de la Baja Edad Media española

1218
Fundación de la Universidad de Salamanca.

1230
Unión definitiva de León y Castilla.

1248
Fernando III conquista Sevilla.

1250
Reunión de las primeras Cortes de Castilla.

1255
Dictación del Fuero Real por Alfonso X.

1256-63
Posible periodo de redacción de las Partidas bajo Alfonso X.

1348
Ordenamiento de Alcalá por Alfonso XI, que fija el orden de prelación de las leyes de Castilla y otorga vigenda legal a las Partidas.

1427
Pragmática de Juan II, que limita la invocación de los jurisconsultos del derecho común.

QUINTA PARTE

Edad Moderna

La plenitud y expansión del Derecho español

(1474-1812)

La vida política española y su derecho han logrado, a partir de la Edad Moderna, su plena madurez. España, por cerca de dos siglos se transforma en la primera potencia del orbe, y sus instituciones no solo rigen en la península, sino que se extienden a los inmensos territorios de América. Agotada por su esfuerzo colonizador, por su falta de visión económica, y por las largas y costosas guerras que debe sostener con las potencias rivales (Francia, Inglaterra, Holanda), España entra desde mediado del siglo XVII en un proceso de crisis. El siglo XVIII intenta superar este estado abriendo el país a influjos ideológicos foráneos.

Para un mejor estudio de la larga época se dividirá en dos etapas: 1° Los Reyes Católicos y la Casa de Austria; y 2° La Casa de Borbón.

Primera Etapa

Los Reyes Católicos y la Casa de Austria

(1474-1700)

I. Desarrollo histórico[13]

El advenimiento al trono de Castilla, en 1474, de Isabel, y su matrimonio con Fernando V, rey de Aragón, agrupa a los dos mayores reinos peninsulares e inicia el apogeo nacional de España. La conquista en 1492 del reino de Granada, último baluarte del Islam en la península, y la anexión de Navarra, consuman la obra de unión nacional. La unidad religiosa, que se considera el fundamento de la unidad española, es afianzada con la reforma interior de la Iglesia, la expulsión de los judíos y el establecimiento de la Inquisición. El orden interno se alcanza con la liquidación de la hegemonía de la nobleza y la creación de la Santa Hermandad para perseguir el bandolerismo. A esta obra interna hay que añadir el descubrimiento y colonización de América, que hace de España el imperio más poderoso de la tierra.

Bajo Carlos I (1517-1556), primer monarca de la casa de Austria, que con el nombre de Carlos V recibe la corona imperial de Alemania; y de su hijo Felipe II (1556-1598), que aunque no hereda esta última, acrecienta sus reinos con la anexión de Portugal y sus dominios, España alcanza su máxima expansión. El poderío político se mantiene intacto bajo Felipe III (1598-1621), pero la declinación comienza acelerada durante Felipe IV (1621-1665), que pierde Portugal y la hegemonía militar frente a Francia. La crisis ya es completa en los tiempos de Carlos II (1665-1700) con quien se extingue la casa de Austria.

II. El medio social y político[14]

1° La cultura

El advenimiento de la Edad Moderna, que exalta los valores del paganismo grecorromano en desmedro de los medievales cristianos, y la quiebra de la unidad de la Iglesia, cuyos dogmas se intenta reformar, escinde la Europa Occidental en dos campos: el que acepta las nuevas corrientes y el que se mantiene fiel a la tradición católica. España actúa de paladín de esta última postura; pero su fidelidad a los conceptos básicos de la cultura medieval no le impide acoger los avances legítimos de la modernidad, con tal que ellos no lesionen la esencia del alma cristiana (estilo clásico del Escorial, metro italiano de Boscán y Garcilaso, humanismo de Vives). Su literatura y su arte adquieren el máximo esplendor y llevan impreso el sello religioso.

2° La Iglesia

Con gran energía emprende Isabel la Católica la reforma de la Iglesia española, corrigiendo la relajación del clero. Su brazo derecho en esta tarea de extirpación de abusos y de inmoralidad es el cardenal Jiménez de Cisneros, Arzobispo de Toledo. En los reinados siguientes de Carlos I y Felipe II el empeño de los monarcas continúa y aun sale de los límites nacionales promoviendo con resolución la convocatoria del Concilio de Trento (1545) para obtener la reforma de la Iglesia universal, sin destruir la relación de unión con Roma ni negar la obediencia al Papa. Instrumento eficaz de la tarea de limpieza interior de la Iglesia, a la vez que de represión de la herejía protestante, es la Compañía de Jesús, fundada por San Ignacio de Loyola.

El alto nivel que adquiere el clero le lleva a influir brillantemente en las Universidades, en el pensamiento y en las letras. Un conjunto no igualado de teólogos y filósofos remoza la vieja escolástica y la hace caminar de acuerdo con las preocupaciones y necesidades de la época. La expansión Española en el Nuevo Mundo adopta, por todas estas circunstancias, un sello predominantemente religioso, que tiene su eco hasta en las regiones del extremo oriente con la presencia en ellas de Francisco Javier y sus compañeros.

La adhesión dogmática al primado de Roma no impide, sin embargo, que la corona se arrogue ciertos derechos en la dirección de la Iglesia dentro de España (regalismo), como ser, el *exequatur* o pase regio, sin el cual no se acepta la circulación de ninguna bula pontificia en el país, o el establecimiento del recurso de fuerza, que permite al clero reclamar ante los tribunales civiles sobre las decisiones de las autoridades de la Iglesia.

3° El Estado

A partir de los Reyes Católicos los monarcas logran reivindicar la plenitud de la soberanía, que antes les disputaban los nobles díscolos y poderosos. Aunque la suma del poder radica en el rey, y en este sentido puede hablarse de monarquía absoluta, él se halla limitado por la ley de Dios y por las leyes humanas preexistentes que jura ante las Cortes cumplir al ascender al trono. Una abundante literatura se detiene en los siglos XVI y XVII a analizar el origen y extensión de la potestad real y subrayar las obligaciones de los príncipes para con la comunidad (Vitoria, Suárez, Guevara, Rivadeneira, Gracián, Saavedra Fajardo, Quevedo, Mariana, etc.) El teatro de la época, fiel reflejo del sentir popular, recoge la misma doctrina (Calderón, Lope, Tirso de Molina, Guillén de Castro).

La intervención directa del monarca en la dirección del Estado, que se hace sentir de manera viva bajo los Reyes Católicos, Carlos I y Felipe II, cede su sitio en los reinados siguientes (Felipe III, Felipe IV y Carlos II) a la injerencia en los negocios públicos de los validos. De esta manera, aunque el monarca sigue siendo el titular del poder, el ejercicio de este lo detentan los validos o ministros, no siempre para beneficio de la comunidad.

Sabido es ya que el matrimonio de Isabel y Fernando favoreció la reunión de las coronas de Castilla y Aragón, que quedaron definitivamente en una sola mano a partir del nieto de ambos, Carlos I. Pero lo que se produjo aquí fue una unión personal y no la fusión de los reinos para constituir un solo Estado. Distintos Consejos reales, independientes entre sí y de igual rango, asesoran al monarca en el gobierno de cada reino: Consejos de Castilla, de Aragón, de Navarra, de Portugal, de Flandes, de Italia, de Indias. Cada reino mantuvo sus leyes propias y sus Cortes, a las que los reyes debían recurrir separadamente en demanda de subsidios. Los intentos de centralización administrativa del Conde-Duque de Olivares, ministro de Felipe IV, originaron revueltas en distintas regiones de la península.

Las Cortes tienden paulatinamente a declinar. En Castilla abandonan su seno, a partir de 1538, la nobleza y el clero, alegando que la convocatoria de las Cortes obedece a la votación de subsidios y ellos están exceptuados de pagarlos. Continúan las reuniones con la sola concurrencia de los procuradores de las ciudades, en cuya elección suelen intervenir los reyes, como asimismo en el otorgamiento de poderes, debilitándose así la independencia de la asamblea. Por último bajo Carlos II, en virtud de un decreto de 1665, se traspasó a los Ayuntamientos la función de autorizar los impuestos, con lo que las Cortes castellanas dejaron de convocarse hasta el término de la dinastía austriaca (1700). Las Cortes de Aragón, Cataluña, Valencia y Navarra conservan, entre tanto, su organización tradicional y en general se muestran muy parcas en el otorgamiento de subsidios.

4° El municipio

Aunque teóricamente se sigue sosteniendo que el poder radica en todo el pueblo reunido en cabildo o concejo abierto, este ya no se convoca en las ciudades y solo subsiste en una que otra aldea. En la práctica el Ayuntamiento ha recogido en sus manos todo el poder, al extremo de que en el siglo XVII el tratadista Bobadilla afirma que los Ayuntamientos "solos pueden todo lo que el pueblo junto".

Por otra parte la corona, interesada en allegar recursos, procede a vender los cargos y oficios municipales, transformándose así el ayuntamiento poco a poco en un apéndice del poder monárquico.

5° La población

La presencia de fuertes contingentes de población musulmana y judía da origen a graves conflictos con la población cristiana, que acabarán por resolverse de manera tajante.

La riqueza reunida por los judíos, a menudo por la usura; el recelo que inspiraban los conversos, algunos de los cuales buscaron el bautismo solo como medio de escalar una mejor posición en la sociedad, pero conservando en secreto sus antiguas creencias (marranos o judaizantes); la persuasión cada vez más fuerte de Isabel la Católica de que la convivencia de cristianos y judíos acarreaba males espirituales para los primeros, y de que la unidad nacional en el orden político no podría realizarse sin el presupuesto esencial de la unidad religiosa, fueron las causas fundamentales que determinaron la expulsión de los judíos de toda España, por edicto del 31 de marzo de 1492. Los Reyes Católicos procuraron que esta se realizase en la forma menos dolorosa posible, evitando que se cometieran por el pueblo desmanes y tropelías contra los judíos, a los que se les puso bajo el "amparo y defendimiento Real". Sobre el número de los expulsados, se estiman entre trescientos mil y un millón.

En cuanto a la población musulmana, ella se integraba desde la conquista de Granada, por los que mantenían sus antiguas creencias (mudéjares) y los que habían aceptado el bautismo (moriscos). Por coacción los primeros ingresan también al cristianismo, pero unos y otros siguen en gran parte fieles al Islam y no se mezclan con el resto de la población. Los conflictos periódicos que tienen con esta última; las frecuentes sublevaciones; sus concomitancias con elementos del África, enemigos de España; el fracaso de la mayoría de los esfuerzos empleados para llevarlos a una conversión sincera, precipitan bajo el reinado de Felipe III la orden de expulsarlos de toda España (1608-1610).

6º La administración de justicia

Aunque los Alcaldes siguen siendo los jueces locales natos, se generaliza la costumbre de los reyes de nombrar Corregidores, que administran justicia en el territorio de su Corregimiento. Se crean asimismo los Alcaldes de Hermandad, que entienden de violencias o heridas con fuga del hechor.

Bajo los Reyes Católicos se crea, además de la existente Chancillería de Valladolid, una en Granada, y se señala como límite jurisdiccional entre ambas el río Tajo. Los Austria instituyen otras Audiencias menores.

En calidad de tribunal especial se crea la Inquisición.

7° La Inquisición

La existencia de los falsos conversos del judaísmo e islamismo y la aparición de algunas herejías, todo lo cual constituye peligro para la unidad de la fe, supuesto indispensable entonces del orden político, da origen al establecimiento en España del Tribunal del Santo Oficio de la Inquisición. Los Reyes Católicos obtienen en 1478 del papa Sixto IV una bula que les permite nombrar dos o tres inquisidores con las facultades de los jueces eclesiásticos ordinarios para entender en asuntos que atañen a la defensa de la fe. Esta bula la ponen en práctica en 1480. En los siglos siguientes la jurisdicción de la Inquisición se extiende a otros delitos que no constituyen herejías: contrabando, pecados contra naturaleza, difusión de libros prohibidos, etc.

El procedimiento empleado es secreto. Acogida la denuncia y recibida información de testigos, el Tribunal, si cree que hay antecedentes suficientes, decreta la prisión preventiva del acusado. Este cuenta con abogado para su defensa y puede presentar testigos en su favor. En caso de dudas se suele aplicar tormento. El auto de tormento debe dictarse con el acuerdo unánime del Tribunal y de él puede apelar el reo. Además debe certificarse por un médico que este se halla en condiciones de soportar la prueba. El tormento no se puede aplicar más que una sola vez en el juicio y está reglamentado de manera que produzca solo dolor y no desgarramiento de miembros, como ocurre en el que se practica en España y fuera por los tribunales ordinarios.

Las penas son las que contemplan las leyes civiles: multa, penitencias, uso de una túnica amarilla con cruz roja (sambenito), prisión, muerte en la hoguera (esta última pena es heredada del derecho romano por Las Partidas y aplicada en toda Europa). Se llama "auto de fe" la proclamación solemne y pública del fallo del Tribunal verificada en una plaza o lugar importante. En él se producen las reconciliaciones y las relajaciones al brazo secular para la aplicación de la pena de muerte. Esta se aplica en un lugar fuera de la ciudad llamada "quemadero". Generalmente el reo es estrangulado y después se quema su cadáver.

El excesivo rigor aplicado por los primeros inquisidores da motivo a censuras enérgicas de los papas Sixto IV y Alejandro VI, el último de los cuales ampara a numerosos conversos que a él recurren. La corona se esmera, por su parte, en independizar a la Inquisición de la jurisdicción eclesiástica y en convertirla en un resorte de la máquina estatal.

En cuanto al número de sancionados con la hoguera, los historiadores del siglo XIX han dado cifras que la reciente investigación documental permite hoy dia rectificar. Últimamente Llorca calcula entre diez y quince mil los condenados en los siglos de su funcionamiento (1480-1843). "Los que se asombren –advierte Llorca– al leer estos números, tengan presente, por un lado, los muchos millares de víctimas, tal vez más de cien mil, que causaron en Francia las guerras religiosas, que en España, por la actividad vigilante de la Inquisición pudieron evitarse, y las frecuentes hecatombes de judíos y conversos que tuvieron lugar en los siglos XIV y XV y costaron la vida a muchos millares de personas, pero que con la introducción de la Inquisición desaparecieron por completo; y por otro, no olviden que en aquellos tiempos eran mucho más fáciles los tribunales en condenar a la última pena. Compárese, por ejemplo, al inmenso número de brujas que fueron condenadas a muerte por los tribunales alemanes durante el siglo XVI, que duplica sin duda el de todas las víctimas del tiempo de la Inquisición".

III. Las fuentes del Derecho

1° Carácter del Derecho

El avance del derecho territorial a costa del derecho local que se inicia en la Baja Edad Media se consuma en definitiva en la Edad Moderna. Por la importancia especial de Castilla, se denomina español a su derecho y foral o municipal al de las otras regiones de la península y al de Indias. En esta última el derecho de Castilla se aplica como supletorio.

No solo rige en la Edad Moderna el derecho territorial medieval, sino que también se crea nuevo derecho. Los reyes dictan leyes con el concurso de las cortes (v. gr. Leyes de Toro), o simplemente de los Consejos, que a medida que aquéllas dejan de reunirse intervienen más en la labor legislativa.

La abundancia y complejidad del derecho territorial obliga a intentar una sistematización de sus normas por medio de las "recopilaciones", técnica diversa de la de los "códigos" que se empleara en el siglo XIX. En las recopilaciones, en efecto, los materiales que las integran conservan su fisonomía peculiar, de acuerdo con su carácter y con la época de que proceden, sin haber sido fusionados en un conjunto uniforme en cuanto a la forma ni en cuanto al contenido. Lo contrario ocurre en los Códigos contemporáneos. Las primeras, a diferencia de los segundos, pueden ser obra privada. Las recopilaciones se componen de materiales jurídicos existentes; el legislador se limita al ordenarlas a sistematizar lo legislado hasta entonces. Los Códigos del siglo XIX contienen, en cambio, un derecho nuevo en gran parte" (Galo Sánchez: "Curso de Historia del Derecho". Madrid, 1945).

2° Las fuentes jurídicas

A. La ley

Las disposiciones dictadas por los reyes con las Cortes (ordenamientos) y las normas dadas directamente por ellos (pragmáticas) van dando paso a otras formas legislativas: las provisiones reales y las reales cédulas que son dictadas por los reyes a través de los Consejos (de Castilla, de Aragón, de Navarra, etc.). Los acuerdos de los últimos, adoptados en pleno, se denominan autos acordados.

B. La costumbre

La costumbre que confirma o suple la ley goza de aceptación legal. Pero en la práctica la costumbre tiene mayor vigencia en las regiones rurales.

C. La literatura jurídica[15]

La filosofía del derecho y el pensamiento político tienen gran desarrollo en los siglos XVI y XVII.

a) El Derecho Natural

La doctrina del derecho natural elaborada por la escolástica de la Edad Media, encuentra numerosos expositores que la amplían y adaptan a los nuevos tiempos. Los dominicos Francisco de Vitoria y Domingo de Soto, y los jesuitas Luis de Molina y Francisco Suárez, se destacan en este aspecto.

Francisco Suárez (1548-1617) reelaboró la doctrina del derecho natural en su obra *De Legibus et Deo legislatore* (1613). Existen para tres órdenes de preceptos naturales: "unos son los universalísimos, como 'no se ha de hacer el mal y se ha de hacer el bien'; otros son las conclusiones inmediatas y totalmente unidas de modo intrínseco a tales principios, como los preceptos del Decálogo; en el tercer orden hay otros preceptos que están mucho más separados de los principios". El Derecho natural, en sus primeros y más generales principios, es absolutamente inmutable e idéntico para todos los hombres, como una e idéntica es la naturaleza racional de estos. También es inmutable en los preceptos que se derivan de aquellos principios y que se refieren a la naturaleza humana como tal. Pero en los preceptos que se refieren a materias o circunstancias mudables o contingentes, varían las formas de concreción de la ley natural. Suárez distingue al respecto el "Derecho natural preceptivo" del "Derecho natural dominativo". El primero es de contenido necesario al margen de la determinación de los hombres; el segundo, en cambio, depende de la libre elección del hombre entre varias posibilidades igualmente lícitas en principio.

b) El Derecho Político

Sin perjuicio de algunas pequeñas variantes, existe una línea común de pensamiento político en los tratadistas de la época.

Por medio del libre consentimiento –el pacto social– los hombres se constituyen en sociedad política para propender al bien común. El pueblo o sociedad política orgánicamente constituida es depositario del poder que emana de Dios, como fuente remota de todas las cosas. Corresponde a esta comunidad o Estado concretar la persona del titular del poder, mediante el pacto de transmisión o señorío. El pueblo al tranferir el poder es dueño de darlo en su totalidad o de reservarse una parte de los derechos que lo constituyen. Si en el pacto de transmisión se convino en que la herencia sería el modo de prolongarse la delegación del poder, se considera que los sucesores no reciben este de su antecesor, sino de la comunidad a través suyo. La monarquía como forma de gobierno encuentra la mayor aceptación; pero mientras en el resto de Europa se trata de resucitar el viejo principio romano de que el príncipe está sobre la ley, en España se mantiene el principio de raíz canónica e isidoriana de que el príncipe está sujeto a la ley. Solo las leyes justas obligan en conciencia. Los reyes, en concepto de Juan de Mariana, deben legislar con el consentimiento del pueblo a través de las Cortes. Luis de Molina y Francisco Suárez condenan la tiranía y Juan de Mariana añade que el tirano debe ser depuesto, juzgado y condenado a muerte. La obra del último, *De Rege et Regis institutione* (1559), que este dedicó a Felipe III y circuló libremente en España, fue en esos años quemada por subversiva en París después del informe adverso de la Sorbonne.

c) El Derecho Penal

Su principal expositor es el franciscano Alfonso de Castro en su obra *De potestate legis penale* (1551), sin duda el tratado más importante de Europa sobre la materia.

Según la doctrina de Castro (compartida por Vitoria, Molina, Suárez y otros) solo el poder público puede aplicar la sanción penal y no está permitido a los particulares la venganza privada (como lo sostuvo el holandés Hugo Grocio). Si bien el derecho de penar descansa en la ley natural, la determinación concreta de la pena es materia de derecho positivo. La pena debe ser proporcional a la gravedad del delito, pero además debe evitarse que sea cruel. La ley penal no debe tener efecto retroactivo y no debe extenderse la aplicación analógica de las penas. Se acepta la pena de muerte, pero solo para los delitos muy graves. Entre estos se halla la herejía. Todos los tratadistas aceptan el uso del tormento salvo el humanista Luis Vives, que lo combate enérgicamente.

d) El Derecho Internacional

En esta rama sobresalen Francisco de Vitoria (1483-1546), considerado el fundador del moderno derecho Internacional; Francisco Suárez, Luis de Molina, y el auditor del ejército de Flandes, Baltazar de Ayala (1548-1584). Sus principios básicos son los siguientes: 1° Existencia de una comunidad natural de naciones regida por los principios universales del derecho de gentes, que procede del Derecho natural, y por las normas positivas del Derecho Internacional; 2° Igualdad esencial de los Estados y negación de autoridades superiores a estos (como lo eran en la Edad Media el emperador y el Papa), y 3° Libertad de comunicación y comercio entre los Estados. Estos planteamientos rompen el esquema de la "Cristiandad" dominante en la Edad Media europea, e integra a todos los pueblos, cristianos y paganos, en un orden jurídico común.

Vitoria y la mayoría de los tratadistas del grupo aceptan el derecho de guerra como medio de reparar la justicia ofendida y restaurar la paz. Corresponde al poder público exclusivamente el declarar la guerra, y no se aceptan como causa justa de ella la conveniencia particular del soberano o del país, la diferencia de religión o los atentados al derecho natural.

3° La obra legislativa de los Reyes Católicos.

Deben citarse por orden cronológico los siguientes cuerpos legales de este periodo.

a) Ordenanzas Reales de Castilla

Por encargo de los Reyes Católicos, el doctor Alfonso Díaz de Montalvo inicia en Castilla la tarea recopiladora. Su obra obtuvo la sanción real y se imprimió por primera vez en 1484. Se divide en ocho libros que se ocupan respectivamente de las siguientes materias: religión, derecho público, procesal, clases sociales, derecho civil, hacienda, derecho municipal y penal. La legislación compilada incluye, por orden de materias, Ordenamientos de Cortes a partir del de Alcalá en 1348, pragmáticas y ordenanzas reales y algunas disposiciones del Fuero Real. No es una Colección exhaustiva y además da con frecuencia en extractos y con alteraciones el texto legislativo. Tuvo en favor de su difusión el aprovechamiento de la imprenta recién inventada. Aunque vulgarmente se la denominó "Ordenamiento de Montalvo", no tuvo sanción en Cortes.

b) Pragmática de Madrid, de 1499

Destinada a contener la invasión de la jurisprudencia romano-canónica. Permite ella que a falta de ley puedan invocarse en juicio solo las opiniones de dos civilistas, Bartolo y Baldo, y dos canonistas, Juan Andrés y el Abad Panormitano, nombre que se daba a Nicolás de Tudeschi. Fue derogada por la ley primera de Toro.

c) Colección de Bulas y Pragmáticas

Se hizo una, publicada en 1503 por Juan Ramírez, Escribano del Consejo Real, que obtuvo el mismo año sanción oficial. Reproduce literalmente el texto de pragmáticas y de bulas pontificias referentes a la jurisdicción de los monarcas.

d) Leyes de Toro

Reciben este nombre por haber sido promulgadas en las Cortes de Toro, celebradas en 1505 para jurar a Doña Juana, la loca, como reina de Castilla; pero su redacción data de los tiempos de Doña Isabel y se debe principalmente al jurista Juan López de Palacios Rubios. Son 83 leyes que no están agrupadas en forma de código y que se refieren a materias diferentes. Su objetivo fue reaccionar contra la arbitraria invasión de la jurisprudencia extranjera en los campos propios del derecho nacional en vigencia; resolver las dudas y completar las disposiciones del Fuero Real, las Partidas y los Ordenamientos que eran objeto de aplicaciones contradictorias por los jueces, y además legislar detalladamente en materias de importancia, como los mayorazgos, apenas reglamentados hasta entonces.

La ley primera de Toro reitera el orden de prelación establecido por el Ordenamiento de Alcalá, colocando en primer término las nuevas leyes: "lo que se pudiere determinar por las leyes de los ordenamientos y pragmáticas por Nos hechos y por los Reyes donde Nos venimos en la dicha ordenación y decisión y determinación, se sigan y guarden como en ellas se contiene, no embargante que contra las dichas leyes de Ordenamientos y pragmáticas se diga y alegue que no son usadas ni guardadas. Y en lo que por ellas no se pudiera determinar, mandamos que se guarden las leyes de los fueros, así del Fuero de las Leyes (Fuero Real) como las de los fueros municipales que cada ciudad, villa o lugar tuviere en lo que son o fueren usadas y guardadas en los dichos lugares, y no fueren contrarias a las dichas leyes de Ordenamientos y pragmáticas, así en lo que por ellas está determinado, como en lo que determinaremos adelante por algunas leyes, ordenamientos y pragmáticas y los reyes que de Nos vinieren y lo que por las dichas leyes de Ordenamientos y Pragmáticas y fueros, no se pudiere determinar, mandamos que en tal caso, se recurra a las leyes de las Siete Partidas... Y mandamos que cuando quiera que alguna duda ocurriere en la interpretación y declaración de las dichas leyes de ordenamientos y pragmáticas y fueros, o de las Partidas, que en tal caso recurran a Nos y a los reyes que de Nos vinieren, para la interpretación y declaración de ellas".

Como corolario de esta última disposición se deroga, enseguida, la Pragmática de Madrid, de 1499, que había dado valor legal a las opiniones de determinados romanistas y canonistas. Además se añade en la ley segunda que a partir de un año contado desde la fecha de estas leyes, ningún letrado del consejo, ni juez en el territorio de Castilla puedan desempeñar estos cargos sin que previamente se hayan enterado de "las dichas leyes de ordenamientos y pragmáticas, Partidas y Fuero Real". Esta última disposición fue interpretada frecuentemente en el sentido de que las Leyes de Toro no exigen ya para el Fuero Real la prueba de una requerida a todos los Fueros municipales, transformándole así resueltamente en ley general. En la práctica los jurisconsultos lo invocan en sustitución de los fueros municipales.

En cuanto a las nuevas disposiciones de derecho privado que contienen las leyes de Toro, ellas se refieren de preferencia a las personas y a los bienes. Reglamentan el matrimonio y las pruebas del estado civil; clasifican a los hijos ilegítimos en naturales ("cuando al tiempo que nacieren o fueren concebidos sus padres podían casarse con sus madres justamente sin dispensación") y de dañado ayuntamiento (adulterinos, incestuosos y sacrílegos), reduciendo en los primeros y suprimiendo en los segundos del todo el derecho hereditario; determinan las formalidades de los testamentos, recogiendo aquí los principios del derecho romano; disponen el orden de sucesión por causa de muerte en diversos casos; sancionan y reglamentan la institución de los mayorazgos, exigiendo que estos cuenten con la licencia del rey para fundarse.

4° La labor legislativa de la Casa de Austria. La nueva recopilación

Para suplir las deficiencias notadas en las Ordenanzas de Montalvo, Isabel la Católica había dispuesto en su código que se emprendiera la formación de un nuevo cuerpo recopilador de las leyes vigentes. El jurista Lorenzo Galíndez de Carvajal emprende la tarea, pero su obra no se publica. Carlos I encargó más tarde darle cima al doctor Pedro López de Alcocer, que muere sin ponerle término. Al reinado siguiente de Felipe II logró concluirla Bartolomé de Atienza y fue promulgada en 1567 con el nombre de "Recopilación de las leyes de estos reinos", previa la revisión del Consejo de Castilla.

No se puso término a la vigencia de los cuerpos legales anteriores, pues mantuvo en su subsidio el orden de prelación establecido por las Leyes de Toro. Se utilizan en su redacción y, en mayor medida, las mismas fuentes aprovechadas en el Ordenamiento de Montalvo, agregándose las leyes posteriores a este, entre ellas las leyes de Toro. Está dividida en nueve Libros que tratan sucesivamente de derecho eclesiástico; leyes; justicia; procedimientos judiciales; derecho civil; nobleza y contribuciones; régimen municipal; moros, judíos, y otras materias varias; y hacienda pública.

Se hacen ediciones sucesivas de la "Nueva Recopilación" en la que se van añadiendo las disposiciones posteriores.

Bajo los Borbones, en 1723, se le agregó un nuevo tomo que lleva el nombre de "Autos acordados del Consejo".

Segunda Etapa

La Casa de Borbón

(1700-1812)[16]

I. Desarrollo histórico

Con Felipe V se inicia en 1700 la nueva dinastía de Borbón, que favorecerá la influencia francesa. Esta se hará particularmente ostensible durante los sucesivos reinados de sus hijos Fernando VI (1746-1759) y Carlos III (1759-1788), que acetúan la centralización política y activan la restauración económica de España. Cuentan para ello con hábiles ministros: Fernando VI con el marqués de la Ensenada, y Carlos III con los condes de Aranda, Floridablanca y Campomanes.

Un proceso de descomposición política representa el reinado de Carlos IV (1788-1808) dominado por su favorito Manuel Godoy. A raíz de un motín ocurrido en Aranjuez, Carlos abdica la corona en su hijo Fernando VII. Enseguida Napoleón invade la península e impone como rey a su hermano José. El pueblo se alza para defender la soberanía nacional ultrajada. Y simultáneamente con la guerra que se sigue contra los franceses se realiza internamente un movimiento político de carácter liberal que se concreta en las Cortes reunidas en Cádiz que promulgan en 1812 una Constitución que limita el poder real. Ya en esa fecha el movimiento emancipador americano había tomado impulso e iniciado la desintegración de la gran monarquía.

II. El medio social y político

1° La cultura

La escisión producida en el seno de la cultura europea por el Renacimiento y la Reforma se ha acentuado progresivamente a través del tiempo. Particularmente en Francia y Alemania la nueva tendencia ha ido desenvolviéndose hasta dar origen a una cultura escéptica y antirreligiosa, exaltadora del poder de la razón y del valor de la ciencia, que tendrá su manifestación más alta en el siglo XVIII, el "Siglo de las luces", con los filósofos y enciclopedistas franceses. España, entre tanto, se ha conservado aislada y ausente de este proceso, sin que por otra parte nuevos valores vengan a enriquecer la postura tradicional por ella mantenida. Este estancamiento, y hasta retroceso cultural, produce en varios sectores una actitud crítica (Benito Jerónimo Feijóo) y una reacción favorable a las ideas de la "ilustración". Su acogida por las capas superiores de la sociedad española se incrementa con la presencia en el país de la dinastía francesa de Borbón, que importa del otro lado de los Pirineos nuevas costumbres y preocupaciones. La instalación de logias masónicas en las ciudades más importantes del país, la divulgación de la Enciclopedia y el nacimiento de las "Sociedades económicas de amigos del país", inspiradas en el dogma del progreso, que difunden los "ilustrados", son una muestra del nuevo espíritu que se esparce por España.

En general y pese a esas influencias, la mayoría de los "ilustrados" españoles conserva la fe Católica y recoge más las ideas del progreso material que el escepticismo del siglo. Ejemplos de esta tendencia son el Conde de Campomanes y don Gaspar Melchor de Jovellanos (1794-1815).

2° La Iglesia

Las ideas francesas de predominio absoluto del Estado sobre la Iglesia (galicanismo), aportadas por la nueva dinastía, acentúan fuertemente el antiguo regalismo que con Campomanes procura revivir las antiguas prácticas de la monarquía visigoda en el mismo sentido. Los jesuitas son un obstáculo en este plan de dominación de la Iglesia, pues mantienen, como ninguna otra orden, su fidelidad al Papa. Esto les acarrea el odio de los galicanos, que se suma al que les profesan los enciclopedistas y masones. Como resultado de esta animosidad y siguiendo el ejemplo de Francia, se les expulsa de todos los dominios españoles, por orden de Carlos III, en 1767.

3° El Estado

La fórmula de Luis XIV: "El Estado soy yo", es trasladada por los Borbones a España. Ahora se sostiene que el monarca recibe directamente de Dios la plenitud del poder y que lo ha de ejercer para bien del pueblo, pero sin intervención de este (despotismo ilustrado). La vieja doctrina de Suárez y demás escolásticos según la cual el poder venido de Dios pasa al rey a través de la comunidad, es proscrita y especialmente perseguida la difusión de la teoría de Mariana y otros sobre el derecho a dar muerte al tirano.

La unificación política, vanamente intentada por el ministro Olivares bajo Felipe IV, la obtiene el primero de los Borbones, Felipe V, como secuela de la guerra de sucesión contra el archiduque pretendiente, Carlos de Austria. Las regiones que a este habían apoyado, todas integrantes de la antigua Corona de Aragón (Aragón, Cataluña, Valencia y Baleares) pierden sus organismos políticos propios y se transforman en provincias castellanas. El Consejo de Castilla asume las funciones del ahora suprimido Consejo de Aragón, que tenía jurisdicción sobre todos los reinos de esta Corona. Las Cortes de Castilla y de los diversos Estados de la Corona de Aragón se funden por vez primera en un solo cuerpo, que se convoca rara vez. Navarra mantiene sus Cortes propias, asimismo de escasa actividad.

El trasplante del régimen francés de los Intendentes encargados del gobierno de las provincias es un paso más en la centralización administrativa.

III. Las fuentes del Derecho

1° Carácter del Derecho

Se refuerza la política encaminada a producir la primacía del derecho nacional sobre el derecho común de los jurisconsultos. Como aún este último se seguía aplicando en desmedro de aquél, no obstante las normas imperantes de las Leyes de Toro, se renovó en 1714 por el Consejo de Castilla la orden de atenerse a las leyes nacionales. Además, a mediados del siglo, se ordena el estudio del derecho español en las universidades, lo que es resistido por ellas. No obstante se estudia en las Academias de Leyes y práctica forense. En 1802 se recomienda oficialmente el uso de las "Instituciones del Derecho Civil de Castilla", de Ignacio Jordán de Asso y Miguel de Manuel, que ayudan a difundirlo.

Si en el campo del derecho positivo se advierte en la rama mercantil influencia francesa, en el campo doctrinal el influjo foráneo fue mayor. La concepción Católica del Derecho natural, que tuvo en los siglos anteriores tantos expositores, es sustituida por la Escuela racionalista del Derecho natural. Se leen así las obras extranjeras de Hugo Grocio, Samuel Pufendorf, Juan Heinecio y Gaetano Filangieri, y se olvidan los autores nacionales.

2° Obra legislativa de la Casa de Borbón

a) Las Ordenanzas de Bilbao

Se dictan en 1737 para reglamentar las actividades del Consulado de Comercio de Bilbao. Tienen por fuentes las "Ordenanzas" de dicho Consulado de 1560 y las Ordenanzas francesas del comercio y la marina. Se extendió su vigencia a toda España y las Indias.

b) La Novísima Recopilación

Carlos IV encargó al relator de la Chancillería de Granada, don Juan de La Reguera y Valdelomar, la formación de un suplemento de la Nueva Recopilación. En 1802 terminó este trabajo y al entregarlo lo hizo simultáneamente con un proyecto de redacción de una Novísima Recopilación. Acogida esta última idea se concluyó la obra y se promulgó en 1805, con el título de: "Novísima Recopilación de las Leyes de España". Está dividida en doce libros:

En 1808 se pública un suplemento a la "Novísima" con las disposiciones dictadas con posterioridad a su promulgación.

Este cuerpo tampoco redujo el derecho castellano a una sola fuente, sino que mantuvo el orden de prelación del Ordenamiento de Alcalá y de las Leyes de Toro para los casos en que la propia Novísima Recopilación careciera de disposiciones adecuadas. La inclusión de leyes derogadas, la omisión de algunas vigentes y otros errores, fueron denunciados por el canónigo Francisco Martínez Marina, en su Juicio crítico sobre la "Novísima Recopilación", en que además presentó las ventajas del sistema de codificación vigente en Francia a partir de Napoleón, sobre el anticuado de las recopilaciones.

Cuadro cronológico de la España moderna

1474
Ascensión al trono de Castilla de Isabel la Católica

1480
Se constituye en Castilla la Inquisición autorizada por bula pontificia de 1478.

1484
Publicación de las Ordenanzas reales de Castilla

1492
Conquista de Granada

Expulsión de los judíos
Descubrimiento de América

1499
Se dicta la Pragmática de Madrid que restringe las citas de los juristas del derecho común.

1503
Se publica por Juan Ramírez una colección de bulas y pragmáticas

1505
Cortes de Toro. Jura de Doña Juana como reina de Castilla. Dictación de las 83 Leyes de Toro.

1517
Carlos I es proclamado rey de Castilla.

1545
Concilio de Trento en el que destacan los teólogos españoles.

1556
Felipe II asciende al trono.

1567
Se promulga por Felipe II la Nueva Recopilación.

1608
Expulsión de los moriscos por Felipe III.

1665
Se pasa a los Ayuntamientos la función de autorizar los impuestos, antes privativa de las Cortes.

1700
Muere Carlos II, último rey de la Casa de Austria y sube la de Borbón con Felipe V.

1716

Abolición de los fueros políticos de Aragón, Cataluña, Valencia y Baleares.

1737

Se dictan las Ordenanzas de Bilbao.

1767

Expulsión de los jesuitas.

1805

Promulgación de la Novísima recopilación de las leyes de España.

1808

Motín de Aranjuez. Abdica Carlos IV en su hijo Fernando VII.

1810.

Reunión de las Cortes generales de la monarquía en Cádiz con la concurrencia de diputados americanos.

1812

Se dicta una Constitución política por las Cortes de Cádiz.

HISTORIA DEL DERECHO INDIANO

I. Introducción

1° Concepto

Se entiende, en general, por derecho indiano el conjunto de normas jurídicas vigentes en América durante la dominación española.

Dentro de esta denominación genérica de derecho indiano, hay que distinguir:

a) El derecho indígena, que el colonizador español respeta en su vigencia, siempre que no se oponga a la religión Católica y a las nuevas normas imperantes;
b) El derecho especial para Indias, que comprende las normas jurídicas que expresamente se han dictado para América, y que se manifiesta fundamentalmente a través de la ley y de la costumbre, y
c) El derecho de Castilla, que adquiere vigencia en América con carácter subsidiario.

2° El momento histórico

Bajo el reinado de Fernando e Isabel se inicia el descubrimiento y colonización de América, hecho que hace de España la primera potencia del orbe. México en la América del norte y Perú en la del sur, constituirán los dos grandes núcleos continentales del poderío hispánico en el nuevo mundo. La conquista que del primero inicia en 1519 Hernán Cortés y que del segundo comienza Francisco Pizarro en 1531, figuran entre los hechos más prodigiosos del valor y de la audacia humanos. Sobre la base de estos antiguos imperios indígenas de aztecas y de incas se construirán por los españoles sendos virreinatos, que pasarán a ser los centros irradiadores de la autoridad y de la cultura españolas en el norte y sur de América.

El tramo final en la serie de conquistas de la costa del Pacífico la realiza Pedro de Valdivia al asumir en 1540 la difícil y heroica tarea de someter a Chile. Aunque gracias a su genio el territorio habitado por pueblos dispares cobra por primera vez unidad, la labor colonizadora choca con la resistencia de las tribus araucanas de la región del Biobío al sur. La lucha, con escasos años de paz, se prolonga durante la segunda mitad del siglo XVI y todo el XVII, haciendo en extremo costosa a la corona de España la posesión de Chile.

En el siglo XVIII se estabiliza poco a poco la paz, lo que permite un mayor progreso. A la vida rural va sucediendo el incremento de la vida urbana con la fundación de nuevas ciudades. El comercio se desarrolla con el tráfico directo con la metrópoli por la vía del Cabo de Hornos. Se fomentan las obras públicas y se desenvuelve la educación con la fundación de la Universidad de San Felipe.

3° El eco jurídico de la colonización americana

España tenía como pueblo conquistador una larga experiencia que aprovechará en América. La guerra centenaria contra los moros para disputarles el territorio patrio fue produciendo la colonización de la desierta Castilla y la progresiva expansión nacional hasta el término de Andalucía. La conquista de las Canarias fue todavía un paso fuera de la península y un nuevo lugar de ensayo de métodos colonizadores que encontrarían su más amplio campo de expresión en el nuevo mundo. Así como la reconquista española tuvo objetivos políticos, religiosos y económicos, igualmente los iba a tener la colonización de América. En el curso de aquélla había ido produciéndose la población del territorio recuperado al musulmán; habían nacido las ciudades y organizádose los concejos municipales y se había ido dando progresiva estructuración a la justicia, instituyéndose y perfeccionándose las Audiencias. También en la conquista de América se iban a presentar análogos problemas de radicación, de reparto de tierras, de fundación de ciudades y de organización de un régimen administrativo y judicial.

El contacto de la tradición jurídica española con la realidad americana producirá un reajuste de las instituciones peninsulares al nuevo ambiente. Además, la presencia del indio creará problemas no previstos por la mente europea y dará paso a una legislación original. Los debates teóricos sobre la legitimidad de la conquista abrirán horizontes amplios al derecho Internacional: y las polémicas sobre el trato del indígena, ensancharán en forma extraordinaria las normas del derecho del trabajo. En fin, el derecho privado deberá ocuparse de la condición jurídica del indio y de los efectos de su matrimonio con personas de raza española.

De esta manera, la colonización española de América vino a tener un eco importante en el desarrollo del derecho en occidente, abriéndole inesperados campos.

II. La estructura jurídica y económica de la conquista

1° El régimen legal de las expediciones[17]

La explotación y conquista de las nuevas tierras no las emprendió la corona por su propia cuenta. Carente como se hallaba de recursos con qué equipar las expediciones y afrontar su posible fracaso, prefirió aceptar el ofrecimiento de los particulares de efectuar las empresas a su costa y celebrar con ellos capitulaciones para reglar jurídicamente los nuevos descubrimientos y las concesiones que se otorgarían a los que los ejecutaren. Este sistema, si bien trajo consigo la incorporación de grandes territorios a la soberanía de la corona sin ningún desembolso pecuniario para esta, favoreció la perpetración de abusos de los concesionarios respecto de los indios, como en su tiempo ya lo hizo notar Las Casas.

Las capitulaciones eran contratos celebrados entre la Corona y algún particular para la prestación por este de servicios públicos o ejecución de una determinada empresa. Su axistencia se advierte ya en el derecho medieval de España y cobra particular importancia en la época de los descubrimientos ya que es el medio habitualmente empleado para efectuarlos. La celebración de las capitulaciones era prerrogativa regia, aunque ocasionalmente pudiera delegarse en alguna autoridad, como la Casa de Contratación. Contenían ellas la licencia del monarca al particular para que este efectuara descubrimientos; el compromiso del descubridor de correr con todos los gastos de la empresa y del rey de recompensarle en determinada forma si cumplía con sus obligaciones. Se trataba, pues, de un contrato bilateral y condicional, que por el carácter desigual de los celebrantes quedó siempre en la práctica sujeto a una gran inestabilidad en su cumplimiento por parte de la corona.

Junto con las capitulaciones existían además las instrucciones, por medio de las cuales se reglamentaba la forma de actuación del expedicionario, el tratamiento que este debía dar a los indios y la necesidad de proveer a su conversión. Constituían ellas, asimismo, verdaderos contratos de mandato, pues delegaban en los jefes de las expediciones la jurisdicción civil, criminal y militar, lo que permitía a estos asegurar la disciplina de sus huestes. Deben recordarse como fundamentos legales de las instrucciónes, la Provisión general sobre descubrimientos dada por Carlos V en Granada en 1526, y las Ordenanzas de nuevos descubrimientos dictadas por Felipe II en 1575.

2º La organización económica de las empresas[18]

Extendidas las capitulaciones, el jefe autorizado de la nueva empresa de conquistas tiene que ocuparse de su organización. A él toca buscar el financiamiento de la expedición, lo que no significa que aporte todos los recursos, sino que los reúna y coordine de manera adecuada. Por el pregón que se hace en las plazas de las capitulaciones, se anuncia a los aventureros que se prepara la expedición. Estos se enrolan, aportando a veces armas y caballos. En otras ocasiones se los proporciona el empresario, en calidad de préstamo, que en todo caso corre con los víveres. Cuando el empresario no puede subvenir por sí solo a todos los gastos de la empresa, celebra contratos de compañía y adquiere así capital. Un ejemplo de este caso fue el contrato celebrado en Panamá por Francisco Pizarro, Diego de Almagro y Fernando Luque para emprender la conquista de Perú, donde los primeros aportaron la licencia que tenía para realizar la expedición y el último el capital.

Pedro de Valdivia obtuvo licencia de Pizarro en 1539 para conquistar y poblar la Nueva Toledo (Chile), desamparada por Diego de Almagro. Gracias a dicha licencia, Valdivia ostenta el título de Teniente de Gobernador y como tal representa a la corona bajo la inmediata dependencia de Pizarro. Pero además actúa como empresario particular y así debe afrontar la totalidad de los gastos de la expedición. Los recursos con que contaba Valdivia no eran suficientes para llevar a cabo la empresa y por eso recurrió a la formación de diversas compañías. La primera fue con Pero Sancho de Hoz, que había concertado capitulaciones con la corona para conquistar las tierras al sur del Estrecho de Magallanes, y que ahora adquiere con Valdivia el compromiso de ayudarlo con pertrechos para la expedición. Hoz no cumplió lo convenido y Valdivia disolvió la compañía. La segunda se concertó entre Miser Francisco, por un lado, y los capitanes Pedro de Valdivia, Alonso de Monroy, Cristóbal de la Peña y Francisco Martínez, por el otro. En ella se comprometió el primero a llevar un navío a las costas de Chile con la tripulación necesaria y los capitanes a darle cierta cantidad de dinero. Aunque el citado navío jamás llego a Chile, la colaboración económica de los demás socios a la empresa de conquista se mantuvo. El que más aportó fue Francisco Martínez y no habiendo obtenido las esperadas ventajas en la compañía, fue más adelante compensado por Valdivia con el goce de una encomienda. Monroy no solo aportó dinero que se procuró por medio de un préstamo, sino que acompañó a Valdivia en la expedición y aun regresó a Perú en busca de nuevos auxilios para seguir en la obra, aunque no logró hacerlo pues allá falleció.

III. La polémica de los justos títulos y los orígenes del Derecho Indiano

1° Dos sistemas de colonización[19]

El descubrimiento y colonización de América trajo consigo un debate que apasionó a los juristas y teólogos sobre los derechos que podía alegar la corona de Castilla al dominio de las nuevas tierras y la condición legal de sus aborígenes. El espíritu religioso de la España de los Reyes Católicos y de sus inmediatos sucesores no podía dejar indiferentes a los hombres de acción y pensamiento frente a los problemas de carácter moral derivados de la apropiación de territorios cuyos habitantes iban a presentar a menudo porfiada resistencia. Este esfuerzo español por ajustar la conquista a padrones jurídicos y morales constituye un caso único en la historia universal, y contrasta con la actitud adoptada en casos análogos por los países sajones.

"Para quienes están educados en la tradición inglesa –advierte el historiador norteamericano Lewis Hanke– la gran atención prestada por los españoles a la base legal de su dominación podrá parecer curiosa y extraña. Ciertamente son pocos los ejemplos que podrán descubrirse en la historia colonial de Estados Unidos de la preocupación inglesa por semejantes cuestiones. Roger Williams, el revolucionario de Rhode Island, compuso un manuscrito en el que discutía el derecho de Plymouth a las tierras de los indios, como no fuera por compra directa en venta voluntaria; pero los principales y ministros de Boston condenaron estos "errores y suposiciones en lo que podía esconderse la traición", y Williams escribio "muy sumisamente" al gobernador Winthrop ofreciendo quemar parte del manuscrito o su totalidad. Pero para los españoles el justo título con que su rey regía las Indias fue una cuestión palpitante desde el momento en que el dominico Antonio de Montesinos subió al púlpito de la Española aquel domingo antes de Navidad en 1511 y predicó sobre el texto *Ego vox clamantis in deserto.*

Cabe advertir que aun antes de este hecho recordado por Hanke ya los monarcas españoles se habían preocupado de dar forma legal a su dominio en Indias y cuidar de la condición de los indígenas.

2° Los atisbos iniciales del Derecho Indiano[20]

Los primeros pasos del Derecho Indiano aparecen configurados, paradójicamente, antes de producirse el descubrimiento de las tierras donde iba a regir. Están en las capitulaciones suscritas en el campamento de Santa Fe, frente a Granada, por los Reyes Católicos y Colón, el 17 de abril de 1492. Como era natural, dichas normas descansaron sobre la legislación vigente en Castilla y en buena parte sobre los principios del Derecho común, considerado como la razón escrita de la Cristiandad. "Así, en primer lugar, de acuerdo con la concepción política de la Cristiandad, se reconoció personalidad en la esfera Internacional a los principados, señoríos y ciudades de la India, a los que se atribuía el deseo de convertirse al Cristianismo, y para ellos dieron los Reyes Católicos cartas a Colón para que solicitase su amistad y alianza. En cambio se desconoció la personalidad política de otras comunidades humanas que pudieran encontrarse en la navegación a la India y se decidió desde un principio, como se venía haciendo en la costa africana, su sumisión y la apropiación de sus tierras por el mero hecho de su descubrimiento y toma de posesión. Dada la falta de personalidad de los nuevos pueblos; la relación de los Reyes Católicos con los mismos, conforme a los principios del Derecho Común, no se estructuró con carácter político como se regulaban las relaciones de la república con el rey, sino como un derecho de dominio y autoridad plena sobre los mismos.

Autoridad que el rey ejercería allí, según la fórmula de la delegación o *vicariatus,* por medio de un virrey. Por lo demás, la organización de los nuevos territorios debía ser en todo exactamente como la de Castilla" (A. García Gallo: "El Derecho Común ante el Nuevo Mundo"). El paso siguiente, muy conforme con el derecho Común, fue la petición de los Reyes Católicos al Papa de la soberanía de las tierras ya descubiertas por Colón y las por descubrir en adelante.

3° La donación pontificia[21]

a) El dominio universal del Papa

En la Edad Media se había abierto camino la doctrina que atribuía al Papa un dominio temporal universal. Como consecuencia de él, el Pontífice podía transferir a un príncipe cristiano la soberanía sobre territorios dominados por paganos. Así en 1344 Clemente VI concedió a Luis de la Cerda la soberanía de las Canarias; Martin V donó a los reyes de Portugal, en 1420, los territorios al sur del cabo Bojador hasta la India con cargo de propender a la conversión de sus habitantes, y los papas siguientes, Eugenio IV, Nicolás V y Calixto III confirmaron la donación a los portugueses.

Esta doctrina del poder temporal universal del Papa encontró su más importante elaborador en el cardenal Enrique de Susa, obispo de Ostia (llamado el Ostiense), en el siglo XIII, y a través de su obra fue recepcionada en "Las Partidas". Además los juristas del Derecho Común, Bartolo y Nicolás de Tudeschi, a quienes se concedió autoridad legal en Castilla por la Pragmática de Madrid de 1499, mantenían el mismo principio. No fue entonces extraño que los Reyes Católicos, al informarse de los resultados del primer viaje de Colón y deseosos de adelantarse a cualquier aspiración portuguesa en la zona oeste del Atlántico, solicitaran del papa Alejandro VI la donación de las nuevas tierras.

b) Las bulas de Alejandro VI

El 3 de mayo de 1493 el Pontífice expide la primera bula "Inter Caetera" que concede a los referidos monarcas el dominio de las tierras descubiertas y por descubrir al occidente, que no se hallen sujetas al dominio actual de algunos señores cristianos. El 4 de mayo extiende Alejandro VI una segunda bula "Inter Caetera" que más explícitamente otorga a perpetuidad a los Reyes de Castilla y sus sucesores el dominio sobre las islas y tierras descubiertas y por descubrir que se encuentren hacia el occidente de una línea trazada a cien leguas de las islas Azores y Cabo Verde, mandando a la vez a los mismos soberanos proveer a la cristianización de los habitantes de los territorios cedidos. Esta "Inter Caetera" segunda vino, en realidad, a dejar en la penumbra a la primera, que no fue citada nunca por los reyes y juristas. Alejandro VI añadió todavía dos bulas más: la *Eximiae devotionis,* del 3 de mayo de 1493 que da a los monarcas castellanos iguales privilegios de los que gozaban los portugueses en Guinea e Indias orientales, y la *Dudum siquidem* de 26 de septiembre, con que se concede a los Reyes Católicos las tierras que sus capitanes descubran en el oriente y sobre las cuales no tengan dominio otros príncipes cristianos.

Negociaciones directas entre Castilla y Portugal traen como resultado una modificación de la línea fijada por Alejandro VI y la firma del Tratado de Tordesillas, de 7 de junio de 1494, confirmado por el Papa, que establece como límite de la jurisdicción de ambas coronas una línea trazada de polo a polo que pasa a 370 leguas al oeste de las islas del Cabo Verde y deja el hemisferio occidental para los castellanos y el oriental para los portugueses.

c) Las Leyes de Burgos y el Requerimiento[22]

El Derecho de Castilla y el Derecho Común continúan aplicándose fundamentalmente en las nuevas tierras, aunque las necesidades generadas en ellas obligan a dictar disposiciones especiales que procuran conformarse con los principios de aquellos Derechos básicos. Si bien los habitantes de los territorios ocupados habrían podido transformarse en esclavos, de acuerdo con los principios del Derecho Común, los Reyes Católicos reconocieron desde un principio la libertad de los indígenas. Esto no impidió que se cometieran serios abusos por los colonizadores. Contra esta conducta alzó su voz con energía en 1511 el dominico fray Antonio de Montesinos, acusando desde el púlpito a los esquilmadores de los indios de la isla de Santo Domingo. Sus palabras levantaron gran revuelo y abrieron un debate que conmovió a los teólogos y juristas de España. En 1512 se celebra una Junta de ellos en Burgos que expide una Ordenanza protectora de los indios.

Una segunda Junta de teólogos y juristas celebrada en Valladolid en 1513, movida también por los dominicos, se aboca al problema de la resistencia mostrada por grupos indígenas de América para aceptar la soberanía de los reyes castellanos. Sin poner en duda la jurisdicción de estos, emanada de las bulas pontificias, la Junta cree que se hace necesario informar a los indios de que han sido puestos por el Papa bajo la soberanía de dichos monarcas. Para este fin, uno de los más notables juristas de la corte, Juan López de Palacios Rubios (autor de las Leyes de Tore), impregnado en las doctrinas del Derecho común, redacta el llamado "Requerimiento", pieza jurídico-teológica que debía ser leída a los indígenas, en que se les comunicaba que Jesucristo había instituido al Papa como su Vicario en la tierra, que este, usando de sus facultades había concedido las Indias a los reyes de Castilla, por lo que los aborígenes debían acatar su jurisdicción de buen grado y recibir pacíficamente a los misioneros, so pena de cargar con los daños de la guerra que se les haría para someterlos.

4° El Derecho Natural frente al Derecho Común[23]

a) Nuevos títulos justificativos de soberanía

Pese a que las bulas de donación pontificia descansaban sobre el Derecho Común acatado por toda la Cristiandad, el rey de Inglaterra autorizó las expediciones de Juan y Sebastián Cabot a la América del Norte, con lo que amagó la hegemonía que en el Nuevo Mundo pretendían invocar los monarcas de Castilla y Portugal. El dominio de estos iba así a quedar circunscrito a aquellas tierras que hubieran descubierto u ocupado, con lo que el "Requerimiento" se transformaba en verdadera fuente de dominio y no en mera notificación de su anterior existencia como lo había sido en su origen. Los juristas buscaron entonces otros títulos que añadir para justificar la soberanía castellana en América. Se invocaron entonces como causal de conquista el paganismo de los indios, su falta de capacidad mental para gobernarse por sí mismos, los sacrificios humanos, la antropofagia y los vicios contra natura. Utilizándose, en fin, la coincidencia de que Carlos I, rey de Castilla, era a la vez emperador de Alemania (Carlos V), se pretendió invocar el dominio universal del emperador alegado teóricamente en la Edad Media.

b) La servidumbre natural de los indios y la Santa Sede.

Algunos invocaron *La política* de Aristóteles para justificar la servidumbre natural de los indios. Según el citado filósofo, existía cierto tipo de hombres cuyas facultades espirituales estaban de tal manera atrofiadas que carecían de autonomía personal y, como consecuencia, de autonomía política, por lo que se encontraban destinados naturalmente a estar sometidos a otros hombres como siervos en el orden privado y como súbditos en el orden público.

Los dominicos combatieron esta doctrina, porque de ella se aprovechaban los encomenderos para esquilmar a los indios. Un activo misionero de esa orden, fray Bernardino de Minaya, partió a España a combatir dicha situación y continuó viaje a Roma con cartas introductorias de la emperatriz Isabel, mujer de Carlos V, para pedir el apoyo pontificio a su campaña. El obispo de Tlaxcala (México), Julián Garcés, asimismo dominico, escribió al Sumo Pontífice una extensa comunicación sobre la racionalidad del indio, que trajo como resultado la promulgación por el papa Pablo III el 9 de julio de 1537, de la bula *Sublimis Deus*, en que se condena a los que sostienen que los indios deben ser tratados como brutos, y se declara que ellos "son verdaderos hombres capaces de recibir la fe" y "no pueden ser privados de su libertad por medio alguno, ni de sus propiedades, aunque no estén en la fe de Jesucristo".

c) Bartolomé de Las Casas[23a]

Mientras los juristas se apoyaban en el Derecho Común para afianzar la soberanía de la corona castellana en las Indias, los dominicos impugnaban, como ya se ha visto, que se pretendiera privar de su libertad y de su dominio a los aborígenes. Frente al Derecho Común ellos blandieron las normas del Derecho Natural elaborado en la Edad Media preferentemente por Santo Tomás. Por su vehemencia y su tesón, destacó entre los dominicos fray Bartolomé de Las Casas, que invocó el Derecho Natural para sostener que los indios eran esencialmente iguales a los españoles y libres, aunque fueran paganos. Exaltó las virtudes de los aborígenes y pintó con negros colores la obra de los colonizadores. Frente a la donación pontificia sostuvo que el Papa carecía de poder temporal universal y que solo había podido confiar la evangelización de América a los reyes españoles, a los que se les había dado una especie de tuición superior o imperio sobre los soberanos indígenas. En fin, toda guerra a los indios era injusta y debía devolvérseles sus tierras.

d) Francisco de Vitoria[24]

Aunque generoso en sus propósitos, la pasión ensombreció a Las Casas, el punto de deformar con frecuencia de manera grave los hechos y transformar el Derecho natural, de doctrina valedera para todos los hombres, en el derecho propio de una de las partes –los indios– como lo era el Común para los europeos.

Otro dominico, dotado de gran serenidad y de mucha mayor solidez teológica y filosófica que Las Casas, iba a plantear con equilibrio el problema de los justos títulos de dominio y analizar el problema de la guerra en América. Fue Francisco de Vitoria, catedrático de teología de la Universidad de Salamanca, que ha conquistado el rango de fundador del moderno Derecho Internacional por sus dos célebres Relecciones *De Indis* y *De jure belli*, la primera de ellas leída en su cátedra en enero de 1539.

Superando el Derecho Común, propio de la Cristiandad europea, que era imposible extender a pueblos de civilización y contenido espiritual diversos, y apartándose también de De Las Casas que involuntariamente redujo el Derecho natural a Derecho de los pueblos sin ley, Vitoria considera al último como una ordenación valedera para todos los hombres –españoles e indios, cristianos e infieles–. De ese Derecho natural se deriva el Derecho de gentes, que es el derecho entre las naciones (no entre todos los hombres, como lo definía Gayo), las cuales pueden además por consentimiento crear otros preceptos. (Hay así un Derecho de gentes natural y un Derecho de gentes positivo.)

Vitoria confronta con el Derecho de gentes natural los títulos invocados para justificar el dominio español en América y los rechaza todos (infidelidad, pecados contra natura, servidumbre natural de los indios, dominio universal del Papa y del Emperador). Frente a la donación pontificia, Vitoria rechaza el poder temporal universal del Pontífice; sostiene que el Papa tiene poder espiritual sobre los bautizados y solo poder temporal indirecto, en cuanto es necesario para administrar las cosas espirituales. Por razón de este poder temporal indirecto el Pontífice puede facultar a un pueblo a ejercer la evangelización. Vitoria acepta como título legítimo el que se derive de la voluntaria aceptación por los indios de la soberanía de los reyes españoles. Puede también adquirirse el dominio en virtud de una guerra justa: 1°– por impedirse el libre comercio y comunicación que son naturales en la comunidad Internacional; 2°– por impedirse la libre predicación del Evangelio; 3°– por la necesidad de defender a algunos indios convertidos de los ataques de gobernantes infieles; 4°– por alianza con pueblos indígenas que luchan justamente contra tiranos o usurpadores de sus derechos soberanos. Por razón de su poder temporal indirecto y para salvaguardar la fe expuesta, el Papa podía otorgar a los indios ya convertidos un soberano cristiano y deponer al príncipe pagano que entrababa el ejercicio de su fe. Por último, Vitoria sostiene que aun en el caso en que por ningún título los reyes españoles pudieran justificar su soberanía en América, ellos no debían suspender el comercio con esas tierras ni retirarse de ellas porque "después que se han convertido en ellas muchos bárbaros, ni sería conveniente ni lícito al príncipe abandonar por completo la administración de aquellas provincias".

e) La junta de 1542 y las leyes nuevas[25]

La insistencia de Las Casas frente a Carlos V sobre la necesidad de remediar los atropellos que se cometían en América, movió al emperador a reunir una nueva junta de teólogos y juristas en Valladolid en 1542. Allí Las Casas reprodujo sus ataques a la conquista ya expuestos en su obra *Brevísima relación de la destrucción de las Indias*, negando validez a la donación pontificia, negando toda justificación a las guerras que se hacían por los españoles en el Nuevo Mundo y aceptando solo para los reyes de Castilla una especie de principado supremo sobre los príncipes indígenas para facilitar la predicación del Evangelio.

Carlos V, impresionado por las palabras de Las Casas se mostró dispuesto a abandonar las Indias. Pero Francisco de Vitoria lo disuadió de esta actitud, haciéndole presente que tal paso interrumpiría la predicación del Evangelio y causaría grave daño a los indios ya convertidos al cristianismo, doctrina que ya había expuesto en las relecciones de 1539.

El mismo año 1542 Carlos V, como resultado de dicha Junta, promulgó un extenso conjunto de normas llamadas las Leyes Nuevas, en que da estructura a la organización administrativa indiana, se confirma la libertad de los indios, se les reconoce su propio derecho y se suprime el sistema de las encomiendas. Esta última medida causó gran revuelo en América y provocó el alzamiento de los conquistadores en el Perú y el ajusticiamiento del primer virrey Blasco Núñez Vela. Carlos V se vio obligado a derogar las normas que habían provocado la revolución y conservar las encomiendas.

f) La junta de 1550 y 1551[25a]

La dictación de las Leyes Nuevas y la campaña de Las Casas contra los encomenderos suscitan una gran reacción en contra de este. Juan Ginés de Sepúlveda, cronista del emperador, asume la defensa de los conquistados y se transforma en el sostenedor más característico de la teoría de la servidumbre natural de los indios por su baja condición mental y sus costumbres bárbaras. En una nueva junta convocada por Carlos V en Valladolid en 1550 sostiene sus puntos de vista y es fuertemente atacado por Las Casas. El debate continuó al año siguiente, pero no se conocen decisiones adoptadas al término de la discusión por la junta.

g) Actitud práctica de la Corona

Frente a la prolongada controversia, la Corona adoptó una postura ecléctica, capaz de conciliar el Derecho Común con el Derecho Natural. Del primero se mantuvo como norma valedera la donación pontificia como fuente originaria fundamental de la soberanía española en América. Del Derecho Natural se aceptó la condición de seres libres de los indios y la facultad de ellos de aceptar voluntariamente la soberanía española, como también que se les pudiera imponer esta solo en virtud de una guerra justa. La palabra "conquista" fue sustituida en las leyes por las de "pacificación y población", insistiéndose en que el objeto básico de la presencia de España en las Indias era la evangelización y que esta, como el sometimiento político de los naturales a la corona, debían lograrse por la persuasión y no por la fuerza de las armas. Tal planteamiento se recogió íntegramente en la "Recopilación de las leyes de los reinos de Indias" de 1680.

5° El problema de la guerra justa en la conquista de Chile[26]

Al iniciarse la conquista de Chile, Pedro de Valdivia empleó el requerimiento como fórmula de notificación a los naturales del derecho de dominio de los reyes de Castilla, en virtud de la donación pontificia, e hizo que su lugarteniente Francisco de Aguirre también lo usara en la región de La Serena.

Los ecos de las polémicas teológico-jurídicas sostenidas en la península comenzaron a sentirse en Chile al llegar Hurtado de Mendoza en 1557. Le acompañan el dominico fray Gil González de San Nicolás, que mantiene correspondencia con Las Casas, y el franciscano fray Juan Gallego. González defiende ardorosamente la evangelización pacífica y se opone a la conquista guerrera, que en cambio es apoyada por Gallego. Hurtado de Mendoza se inclina por el parecer de este último, alegando que los indios sufrirán menos si se les somete de inmediato, pues en caso contrario se reunirán y la resistencia traerá consigo mayor derramamiento de sangre.

Los teólogos de Perú miraron con malos ojos la guerra de Chile, al punto de que en 1569 se informa al Consejo de Indias que el Arzobispo de Lima y el Obispo de Charcas habían ordenado a su clero que no se concediera la absolución a los soldados que regresaban a Chile hasta que no hicieran reparación del daño cometido.

En 1563 el Obispo de Santiago, Rodrigo González Marmolejo, reúne una junta de teólogos que establece que la guerra que se hace a los indios es justa porque estos se han alzado contra la autoridad del rey después de haberla aceptado; pero a la vez, reconoce que con frecuencia se ha violado la justicia en el trato de los indios y que hay obligaciones de restituir. Varios conquistadores cumplen con este deber de conciencia.

La artera muerte por los indios del gobernador Oñez de Loyola en 1598 agravó el problema de la guerra justa. Hasta los antiguos defensores del pacifismo se volvieron en contra de los indios. Y así uno de ellos, el canónigo Melchor Calderón, presentó en una reunión de notables celebrada en Santiago, un "Tratado sobre la importancia y utilidad de hacer esclavos a los indios rebeldes de Chile", en que se invocaba, entre otros testimonios favorables, las opiniones de Francisco de Vitoria para justificar la guerra. El tratado fue unánimemente acogido por la asamblea y enviado al virrey de Perú. Este consultó a los teólogos de Lima sobre el problema, inclinándose ellos también por la justicia de la guerra y la legitimidad de la esclavitud como sanción a los rebeldes. Llevado el asunto al rey Felipe III, tardó él varios años antes de dar en 1608 autorización para transformar en esclavos a los indios capturados en rebelión. Esta cédula no fue, sin embargo, aplicada por el gobernador García Ramón, pues creyó que "su conciencia no le dictaba hacer esclavo al que nació libre y al que peleaba en defensa de su patria y de su libertad".

Por otra parte el rey varió pronto de opinión, movido por las influencias del Oidor de Lima, Juan de Villela y del jesuita Luis de Valdivia. A partir de 1612 se aplica la política de la "guerra defensiva", derogándose la cédula de esclavitud y permitiéndose traspasar el límite del Biobío, fijado como frontera hispanoamericana, solo a los misioneros. Pero el asesinato que los indios realizan en Elicura de tres misioneros jesuitas sirve nuevamente de justificación de la guerra y de retorno a la política de represalia esclavista. Al fin la esclavitud es abolida definitivamente en 1674 y cunde el sistema iniciado en 1661 por el gobernador Zúñiga, de los llamados parlamentos, reuniones en las que se celebran periódicamente acuerdos con los indígenas por los que se garantiza a Arauco su personalidad a cambio de la autorización del paso de misioneros a su territorio.

La idea de que la guerra puede hacerse solo con carácter defensivo y jamás para imponer la soberanía política o la fe cristiana queda consagrada en la legislación, particularmente en la Recopilación de leyes de Indias de 1680. Cuando el gobernador José de Garro propone al rey reunir un parlamento fingido para matar sorpresivamente a los caciques que a él concurran y obtener así la dominación en Arauco, Carlos II, en carta de noviembre de 1686, rechaza enérgicamente la idea, porque "ningún engaño es medio justo ni religioso por faltarse en él a la fe pública". Y ante un plan de acción bélica sugerido más adelante por el gobernador Francisco Ibáñez de Peralta, Felipe V le urgió en 1703 atenerse a las normas insertas en la Recopilación de Indias ya aludidas.

IV. La estructura del Derecho Indiano[27]

1° Generación de la ley para Indias

Teóricamente, y en razón del ligamen directo de las Indias con la corona de Castilla, el rey era el único poder legislativo para América. El monarca, en la práctica, asociaba a su función legislativa otros organismos, pero siempre de exclusiva vigencia para las Indias y libres de toda intervención de autoridades propiamente peninsulares.

Como se verá en detalle más adelante, la suprema autoridad legisladora con radicación en la metrópoli era el Consejo de Indias, y autoridades legisladoras con sede en América eran principalmente los virreyes, gobernadores, audiencias y cabildos, los últimos en representación de la comunidad.

Aunque la distancia entorpecía la labor legislativa metropolitana, de un lado ascendían a la corte los informes de los funcionarios de la corona en Indias, y del otro las peticiones o quejas de la comunidad o "república" a través de los Cabildos, de sus procuradores en la corte o de la simple correspondencia de los particulares al rey. Al respecto llama la atención el enorme empeño de los monarcas, desde los primeros años de la conquista, por asegurar la libre expresión de sus súbditos de ultramar y garantir la seguridad de su correspondencia. De esta manera el rey y el Consejo de Indias contaban con antecedentes valiosos recibidos de la vía pública o privada, para redactar las leyes que regirán en ultramar.

2° Las fuentes directas del Derecho Indiano

Las fuentes son de dos clases: directas e indirectas. Son fuentes directas la ley, la costumbre y la jurisprudencia, que analizaremos en particular.

A. La ley[28]

Agrupamos bajo esta denominación amplia todas las disposiciones dictadas por las autoridades metropolitanas o territoriales para regir en las Indias.

Por lo que toca a la ley metropolitana, que se otorgaba por el rey en Consejo, es posible distinguir desde el punto de vista puramente formal: las Provisiones, que llevan a la cabeza el nombre del rey y todos sus títulos y al pie su firma, la de todos los Consejeros de Indias, la del secretario y el sello mayor de la Cancillería; y las Reales Cédulas, menos solemnes, que se encabezan simplemente: "El Rey", tienen su firma, la del secretario y tres consejeros y un sello de cera.

Tanto las provisiones como las reales cédulas pueden dividirse desde el punto de vista de su contenido en:

a) Ordenanzas, que son un conjunto de normas destinadas a reglamentar ampliamente una materia (v. gr. Ordenanzas de descubrimientos, Ordenanzas de la Casa de Contratación, Ordenanzas de Audiencias);

b) Instrucciónes, que son normas dadas a un funcionario para el adecuado desempeño de sus obligaciones;

c) Cartas reales, que son respuesta a consultas o informaciones enviadas por las autoridades indianas, tanto civiles como eclesiásticas.

En el siglo xviii las provisiones y cédulas expedidas por el monorca con el concurso del Consejo de Indias ceden poco a poco el lugar a las Reales órdenes, que son mandatos directos del rey comunicados por un ministro.

De un carácter especial son los "Autos acordados", que son las decisiones generales adoptadas por el Consejo de Indias o las Audiencias sobre materias de justicia o de gobierno.

Las leyes dictadas para América eran de carácter general o especial, pudiendo estas últimas referirse a personas, a materias o territorios determinados. Merecen señalarse por su carácter especial las leyes encaminadas a reglamentar la administración, el comercio y las universidades.

El advenimiento de la casa de Borbón al trono de España trajo consigo una serie de reformas en el campo de la vida administrativa, que se tradujo en la dictación de diversas leyes especiales indicadas al estudiar los órganos de administración de Indias.

En cuanto a las leyes criollas o dictadas por las autoridades territoriales americanas, hay que distinguir diversos tipos:

a) Las provisiones y los autos acordados de las audiencias. Por lo que toca a Chile, merecen recordarse entre las últimas las instrucciones de 1757, 1778 y 1796, sobre la sustanciación de las causas criminales elaboradas por los fiscales don José Perfecto de Salas y don Ambrosio Zerdán y Pontero.

b) Las ordenanzas de los virreyes y gobernadores, como las de minería de Perú y Nueva España, y las tasas sobre encomiendas de indígenas en Chile.

c) Los Bandos de los Virreyes, gobernadores y corregidores. Se destaca en Chile el dictado por el gobernador Ambrosio O'Higgins, que fue reproducido con pequeñas modificaciones por los que le sucedieron en el mando.

d) Las ordenanzas de los Cabildos. El de Santiago de Chile dictó en 1569 las Ordenanzas para su funcionamiento; en 1570 unas sobre instrucción primaria y más adelante otras sobre materias económicas.

B. La costumbre

Puede ser indígena o criolla:

Por lo que atañe al derecho consuetudinario indígena, la Recopilación de Indias (Ley 4, título I, libro II) dispone que se guarden las leyes y las costumbres indígenas que no se opongan a la religión y a las leyes españolas vigentes. Ya en la Tasa de Gamboa de 1580 se había contemplado para Chile una disposición análoga. La Ordenanza de Intendentes que se aplica en Chile desde 1786 respeta asimismo el derecho de indios de elegir cada año en los pueblos cabecera sus propias autoridades.

Cabe destacar el proceso de recepción en el derecho indiano de instituciones típicamente indígenas como las cajas de comunidad, el contrato de yanaconaje, la mita o trabajo por turnos y el aprovechamiento de la organización incaica, en tiempos del virrey de Perú Francisco de Toledo, al servicio de la administración española.

Asimismo es posible hallar sobrevivencias en el actual derecho consuetudinario de antiguas costumbres indígenas, como es el caso de Chile del mingaco, que consiste en prestar voluntario auxilio a los trabajos agrícolas de un tercero, que se remuneran al término con una gran fiesta.

En cuanto el derecho consuetudinario criollo, frecuentemente de raíz foral castellana, tiene su destacado exponente en los Cabildos abiertos, reminiscencias de las lejanas asambleas generales de los Concejos municipales de Castilla, tanto en el periodo de los descubrimientos como en el inicial del movimiento de independencia.

A pesar de la fuerza vital de esta costumbre jurídica, la Recopilación de Indias casi ignora su existencia, pues solo contiene dos incidentales menciones a los Cabildos abiertos; uno al prohibir que por este medio se hiciese la elección de los procuradores de ciudad, reservado al voto de los regidores (Ley 2, título I, libro IV), y otra al disponer que, producido un asunto grave en las pesquerías de perlas, debían los dueños de canoas juntarse en cabildo abierto (Ley 10, título 25, libro IV).

Hay casos en que expresamente la ley se remite a la costumbre, como las disposiciones de la Recopilación de Indias que prohibe a los Alcaldes ordinarios entrar en Cabildos donde hubiere Gobernador o Corregidor, salvo si la costumbre hubiera introducido la práctica contraria (Ley 14, título IX, Libro V), o aquella que ordena a las Audiencias guardar a los Alcaldes ordinarios la jurisdicción según la costumbre (Ley 19, título III, Libro V).

Se estimó la costumbre criolla fuente de derecho, distinguiéndose:

a) La costumbre fuera de la ley, que era la vigente en los casos no previstos por esta última:

b) La costumbre según la ley, que era la que ponía en ejecución la ley y en algunos casos interpretaba y fijaba su sentido, y

c) La contra ley, que no admitía la ley escrita o después de admitirla la derogaba insensiblemente por actos contrarios a ella Juan de Hevia Bolaños en su "Curia philipica" (Lima, 1603) reconoce valor a la costumbre contra la ley, siempre que se probare su uso reiterado e ininterrumpido por diez años entre presentes y veinte entre ausentes, y que se trate de una costumbre afirmativa, es decir, de uso de una cosa. La costumbre contra Derecho canónico requiere 40 años.

Habiendo dos costumbres se guardará las más moderada y no habiéndola en el lugar, se guardará la de la tierra más cercana. Tratándose de Chile, se tenía como costumbre válida, a falta de una propia, la vigente en Lima.

C. La jurisprudencia

Podía ser teórica o judicial.

Las obras de juristas indianos como León Pinelo, Solórzano Pereira, Hevia Bolaños fueron invocadas con frecuencia en los estrados. Sobre ellos se hablará nuevamente al tratar la Literatura jurídica.

En cuanto a la jurisprudencia de los tribunales, ella es en las Indias de tal importancia que altera con frecuencia a la legislación vigente, creando así un nuevo derecho. Este derecho vivo, en contraposición al teórico de la ley, es aún materia de estudio, y de su pleno conocimiento y no de la simple compulsa de las leyes escritas dependerá la captación de la realidad jurídica Indiana. Más adelante se volverá sobre este tema.

3° Las fuentes indirectas del Derecho Indiano

Las fuentes indirectas del derecho indiano son de dos clases: generales y especiales. Al primer grupo pertenece la legislación propia de Castilla que rige en Indias como derecho supletorio por disposición expresa de Carlos I y Felipe II, reiterada en la Recopilación de Indias. En efecto, esta última establece el siguiente orden de prelación (Ley 2, título 1° del Libro II):

1. Las leyes propias de la Recopilación.
2. Las cédulas, ordenanzas y provisiones dictadas con anterioridad a la Recopilación y no derogadas por estas.
3. Las leyes de Castilla, de acuerdo con lo dispuesto por las leyes de Toro.

En cuanto a la vigencia que pudieran tener en Indias las leyes que en adelante se dictaren para Castilla, se dispone desde 1614 y se reitera en la Recopilación de 1680 que no se apliquen en América las cédulas, provisiones o pragmáticas promulgadas para la península que no fueren expresamente despachadas por el Consejo de Indias con orden de guardarse en estas (Libro II, Título I, leyes 39 y 40)

Constituyen, en fin, fuentes indirectas especiales aquellas leyes de Castilla referentes a determinadas ramas del derecho que rigieron en América por mandato directo. Esto ocurre en el derecho comercial donde se ordena aplicar, fuera del Reglamento del Comercio Libre y de las cédulas de erección de los diversos Tribunales del Consulado, las Ordenanzas de Bilbao, redactadas primitivamente para la villa de este nombre y cuyo proceso de elaboración iniciado en 1511 termina en 1737. Asimismo en el derecho de minas se aplican en América como legislación supletoria: la Ordenanza de Briviesca de 1387, las Ordenanzas de Valladolid de 1559, la Pragmática de Madrid de 1563 y las Ordenanzas de San Lorenzo o del Nuevo Cuaderno de 1584. Por último se extiende asimismo la vigencia para las Indias de las Ordenanzas militares y navales.

4° Vigencia y caracteres de la Ley de Indias[28]

Las leyes de origen metropolitano se dirigían ordinariamente a las autoridades civiles y religiosas en varias copias. Cuando eran de interés general a veces se las imprimía y otras se las pregonaba en plazas y mercados con concurrencia de escribano. Cuando la ley iba dirigida a un particular este debía presentarla a las autoridades para su obedecimiento.

Las autoridades que recibían una ley metropolitana debían, por un formalismo, prestarle acatamiento: el funcionario tomaba la ley, la besaba y colocaba sobre su cabeza, diciendo que la acataba como venida de su señor natural.

Aunque las autoridades estaban gravemente obligadas al cumplimiento de las leyes, tanto la doctrina como la legislación castellana y la de Indias contemplaban algunas excepciones. Las Partidas, vigentes en América, disponían que se desobedeciesen en forma incondicional las leyes opuestas al Derecho Natural, de Gentes y Divino. Además Carlos V, en 1538, junto con ordenar a las autoridades indianas que inmediatamente de recibir sus órdenes las cumplieran, las facultó para poder suplicar su enmienda, sin que por esto dejaran, entre tanto, de aplicarse. Pero en algunos casos se iba más allá, autorizándose la suspensión de la ley injusta suplicada. Esto ocurría cuando ella contuviera los vicios de "obrepción" o "subrepción", esto es, cuando hubiere sido dictada con ignorancia o falseamiento de los hechos. De ahí brotaba la fórmula: "se obedece pero no se cumple". Asimismo se autorizó suspender la aplicación de la ley en los casos en que su cumplimiento se siguiere "escándalo conocido o daño irreparable". Las leyes dictadas en favor de los indios debían cumplirse en todo caso, aunque se suplicasen.

Si se tienen presentes estas disposiciones como asimismo el valor que tenía la costumbre, de que ya se ha hablado antes, se podrá apreciar que el derecho en Indias disponía de una gran flexibilidad en su aplicación, hasta llegar a veces a producirse un verdadero divorcio entre la ley vigente y la realidad jurídica, tema que será tratado en su oportunidad.

La mayor parte de la legislación indiana se refiere al derecho público. El derecho privado cuenta con escasas disposiciones, casi todas de tipo casuista, es decir, destinadas a resolver casos concretos. En realidad la aplicación fundamental es la del derecho privado de Castilla. El mismo carácter casuista de parte del derecho indiano redujo sus disposiciones a un ámbito local o regional, sin que llegaran ellas a tener toda la vigencia continental que se pretendió al agruparlas en la Recopilación de 1680.

Llama, por último, la atención el espíritu altamente religioso y humanitario que mueve toda la legislación de Indias. Cualesquiera que fuesen las dificultades con que ciertas normas tropezaron en algunos sitios de América, la voluntad de la corona española de proteger a los indígenas y de incorporarlos a la civilización cristiana se mantiene inalterable. El profesor Edouard Gaylord Bourne, de la Universidad de Yale, califica a la Recopilación de Indias de 1680 como un código en el que, "a pesar de notables insuficiencias en punto a finanzas y a pesar de graves desacuerdos con las ideas modernas, por su amplio espíritu humanitario y de protección en favor de los súbditos americanos del rey, encierra un valor mucho más grande que todo lo que se ha hecho en las colonias inglesas o francesas en el misma orden".

5° El proceso de recopilación legal

A. Desde el siglo xvi hasta la recopilación de 1680[29]

a) Los Cedularios

La abundancia de la legislación metropolitana indujo a pensar en su recopilación para su más fácil consulta y aplicación. Esta tarea se emprendió tanto en América como en España y duró más de un siglo.

Por real cédula de 4 de septiembre de 1560 Felipe II encomendó la recopilación de las leyes dictadas para Nueva España a su virrey Luis de Velasco, quien confió la tarea al fiscal de la Real

Audiencia de México, Vasco de Puga. El resultado de su trabajo fue la impresión en dicha ciudad, en 1563, del Cedulario que lleva su nombre. Se trata de una colección de leyes cuyos textos se insertan íntegramente por orden de fecha, a partir de 1525, sin añadir a ellas ningún comentario[30].

Un trabajo semejante se emprendió en Perú bajo la dirección del virrey Francisco de Toledo, sin llegar a término.

En España el funcionario del Consejo de Indias, Juan López de Velasco, se propuso componer un sumario sistemático de las leyes guardadas por el Consejo hasta 1568. Este trabajo fue llamado por su autor "Copulata de las leyes y provisiones". Tuvo su supervigilancia el jurista y luego Presidente del Consejo, Juan de Ovando, que sobre la base del material reunido emprendió la elaboración de un código completo para las Indias. De él alcanzó solo a concluir dos libros: *De la gobernación temporal* y *De la gobernación espiritual.* Su magno esfuerzo no alcanzo sanción legal pero algunos de sus títulos fueron promulgados separadamente desde 1571 adelante como Ordenanzas independientes sobre nuevos descubrimientos, Consejo de Indias y Real Patronato.

El intento de una ordenación total de la legislación de Indias quedó así frustrado. Pero se dio un nuevo paso para prepararla. En 1596 se imprimió en Madrid un nuevo Cedulario por el oficial mayor de la Escribanía de Cámara del Consejo de Indias Diego de Encinas, del cual se hicieron pocos ejemplares. Fue un trabajo de carácter privado, para el uso exclusivo del Consejo y que no tuvo sanción oficial. No reúne toda la legislación dictada, sino las leyes que mantienen entonces vigencia, las cuales se reproducen en su texto íntegro clasificándolas por materias. Representa un gran avance frente al único Cedulario hasta entonces impreso, el de Puga, tanto porque, a diferencia de este, no se circunscribe a las leyes enviadas a Nueva España, sino que abarca las dictadas para toda la monarquía indiana, como también porque comprende un periodo legislativo más extenso[31].

b) Los Sumarios

Los Cedularios permitieron emprender la obra de la Recopilación, pues proporcionaron ordenadamente los textos legales. Tomando pie de estos últimos, diversos juristas comenzaron a elaborar los llamados "sumarios", consistentes en extractos de una ley o refundición de varias del mismo tema, con la previa indicación de la fecha de su originaria publicación, y procedieron asimismo a ordenar por materias dichos "sumarios" siguiendo así la habitual técnica de las recopilaciones.

En esta tarea intervinieron sucesivamente diversos juristas. Fue el primero Diego de Zorrilla, que redacta un proyecto concluido hacia 1606, que fue revisado por el Consejero de Indias Rodrigo de Aguiar. Más adelante este último, con la colaboración de Antonio de León Pinelo, prepara un nuevo proyecto y en 1628 da a la publicidad los "sumarios" de los cuatro primeros libros para facilitar su revisión.

Con la muerte de Aguiar el año siguiente, se detuvo un tiempo la obra, hasta que León Pinelo prosiguió el trabajo por encargo del Consejo y entregó el proyecto concluido en 1635. La revisión del mismo fue confiada a Juan de Solórzano Pereira, antiguo oidor de la Audiencia de Lima y entonces miembro del Consejo de Indias, que dio término a su tarea al año siguiente[32].

No obtuvo este trabajo, sin embargo, sanción real. Por el contrario, Felipe IV, desentendiéndose de lo hecho, ordenó en 1637 constituir una Junta encargada de llevar a cabo la recopilación. No funcionó ella en la práctica y por su cuenta Solórzano, uno de sus miembros, se ocupó de remozar el antiguo proyecto de Aguiar, formando uno nuevo. Pero esta labor quedó interrumpida con la muerte de Solórzano.

Al fin el licenciado Fernando Paniagua da cima a la obra sobre la base de los proyectos de León Pinelo y de Solórzano, aunque bajo un plan diferente. El trabajo fue promulgado en 1680 por Carlos II con el nombre de "Recopilación de las leyes de los reinos de Indias".

B. La "recopilación de leyes de los Reinos de Indias"

Está dividida en nueve libros que tratan de las siguientes materias:

1. Cuestiones religiosas
2. Consejo Real y Junta de Guerra de Indias, Audiencias, Chancillerías. Juzgados, Orden de prelación de la legislación, etc.;
3. Virreyes, Capitanes Generales, etc.
4. Descubrimientos, Cabildos, minas, etc
5. Corregidores, Alcaldes, pleitos, etc.
6. Indios, encomiendas, etc.
7. Delitos y penas
8. Impuestos y contribuciones, y
9. Casa de Contratación.

Cada ley lleva como encabezamiento un resumen de su contenido. Enseguida se indica el nombre del rey legislador y la fecha originaria de la ley recopilada. Viene después el texto de la disposición, que generalmente es un extracto o fragmento del original o la condensación de dos o más leyes anteriores.

Desde el punto de vista jurídico, la Recopilación fue en su tiempo de gran utilidad, pues facilitó la tarea de los gobernantes, jueces y abogados.

Pero si se analiza la Recopilación en su valor de fuente de la historia del derecho indiano, es preciso advertir que en ella se omiten todas las normas jurídicas que no emanen del rey y su Consejo (v. gr. sentencias de la Casa de Contratación, disposiciones de las autoridades territoriales, costumbres indianas, jurisprudencia de los tribunales indianos) y que es necesario considerar para formarse una adecuada vision del derecho de aquellos tiempos. Asimismo las leyes que se incluyen no son tampoco todas las dictadas por la Corona hasta 1680 ni el texto de las reproducidas está completo. De más está añadir que su misma fecha, deja fuera una abundantísima legislación para las Indias; la dictada por la Casa de Borbón en el siglo siguiente y hasta el momento de producirse la emancipación.

C. Después de la recopilación de 1680

a) Los Comentarios[33]

Después de publicada la Recopilación se realizó por varios juristas la tarea de redactar "comentarios" o "glosas" del mismo estilo de los que se habían hecho durante la Edad Media al derecho romano de Justiniano y al derecho canónico, y en los tiempos modernos al derecho castellano. Estimula a esta tarea la circunstancia de continuar dictándose abundante legislación para Indias que adiciona o rectifica el texto legal recopilado.

El Oidor de la Audiencia de Chile, Juan del Corral Calvo de la Torre emprendió un comentario en latín a la Recopilación de Indias que proyectó en seis volúmenes, de los cuales alcanzó a concluir tres, quedando en sus comienzos el cuarto debido a su muerte, ocurrida en 1737. Por orden real se enviaron los manuscritos a España, donde se imprimieron en 1756. Pero el Consejo de Indias retuvo la obra, que no fue encuadernada sino en muy pocos ejemplares, perdiéndose la mayor parte de los pliegos impresos.

Mientras el trabajo de Corral se imprimía en España, el virrey del Perú encomendó la prosecución de los comentarios a Tomás Ruiz de Azúa, Protector general de los Indios de Chile y Rector de la Universidad de San Felipe, que falleció en 1757 al parecer sin adelantar el trabajo.

Se designo entonces para este objeto a José Perfecto de Salas, fiscal de la Audiencia de Chile, que continuó la tarea hasta 1777 en que se dirigió a España, muriendo al año siguiente. Su yerno, Ramón Martínez de Rozas, asesor de la Capitanía General de Chile y después del virrey O'Higgins en Lima, prosiguió el trabajo hasta 1802. En realidad la labor de Salas y de Rozas se redujo a un catálogo de extractos de las leyes posteriores a la Recopilación hasta ese año, sin añadir, fuera de algunas concordancias, ningún comentario al texto. El referido catálogo fue utilizado en la redacción del amplio recuento de leyes posteriores a la Recopilación que público en Lima, en 1819, el franciscano José Matraya y Rici bajo el título de "El moralista filatélico americano"[34].

Paralela a la labor realizada en Chile se hace otra en España. Merecen recordarse las "Notas" a la misma Recopilación elaborada por el panameño Manuel José de Ayala, oficial de la Secretaría de Estado y del Despacho universal de Indias. Este trabajo constituye un conjunto heterogéneo de material legislativo, noticias históricas y comentarios[35].

La creciente política absolutista hizo que se acabara por mirar mal el trabajo de los "comentarios" y que no se aceptara más interpretación de las leyes que la dada por el propio legislador. En efecto, el Consejo de Indias elevó en 1773 una consulta al Rey en el sentido de que "sería no solo inútil, sino perjudicial el comentario a las leyes de Indias empezado por Ayala y que este ofrecía proseguir, y que, en cambio, consideraba necesario" adicionar y corregir la Recopilación de Indias. Este temperamento fue acogido por Carlos III que, como veremos más adelante, dispuso tres años después la preparación de un nuevo código de Indias.

b) El nuevo Código de Indias[36]

Demás está decir que al poco tiempo de dictarse la Recopilación de 1680, quedó esta atrasada por la numerosa legislación que se fue dictando. Los trabajos ya indicados de Salas y de Rozas se encaminaron a facilitar la consulta de las leyes posteriores, y a ellos hay que agregar también el realizado en Chile por don Manuel Joaquín Valdivieso, oficial mayor de la Secretaría de Gobierno, que compuso un "Índice de Cédulas y Órdenes reales dirigidas a Chile", que abarca los años de 1750 a 1807.

Manuel José de Ayala, de que se habló anteriormente, unió a su tarea de comentarista de la Recopilación la de ordenador del nuevo material legislativo, con vistas a favorecer la redacción de una nueva recopilación Indiana. En efecto, preparó una "Colección de Cédulas y Consultas", en que reunió sin mayor orden cuanto encontró en los archivos hasta 1780, y un "Diccionario de Gobierno y Legislación de Indias", que consistió en un índice alfabético de voces o materias que permitía la consulta de la colección anterior.

Paralela a esta labor recopiladora de material se emprendió la tarea de redacción de un código. En efecto, a propuesta del Consejo de Indias, Carlos III encomendó en 1776 a Juan Crisóstomo de Ansótegui la redacción de un proyecto de nuevo Código de Indias, que en su oportunidad debería revisar una Junta de la cual quedó como Secretario don Manuel José de Ayala. Se ordenó además a este último entregar para su aprovechamiento su "colección de Cédulas".

Ansótegui concluyó el libro 1° de su obra, referente a la Iglesia y el Patronato, que luego de pasar por la Junta revisora fue aprobada por Carlos IV en 1792, pero nunca llegó a publicarse. Solo algunas leyes de él se publicaron y rigieron en América por medio de Cédulas circulares.

6° Orden de prelación del Derecho de Indias

Fundándose en normas de las Partidas y las Leyes de Estilo, los tratadistas indianos establecieron las siguientes reglas de aplicación del Derecho en Indias: 1° El derecho natural prima sobre el positivo; 2° la costumbre, de acuerdo con ciertos requisitos, prima sobre la ley; 3° la ley posterior corrige a la anterior, 4° la ley dictada para un caso, se extiende a los análogos; y 5° la ley especial prima sobre la general. Esta especialidad puede radicar en las personas (ej.: fueros nobiliarios, militares y eclesiásticos); en las materias (legislación minera y comercial); y en el territorio (ej.: legislación especial sobre Arauco; R. Cédula 1609 sobre organización territorial de la R. Audiencia de Chile).

A falta de disposiciones especialísimas se aplicaba el Derecho general dictado para las Indias en la Recopilación de 1680, en sus leyes anteriores no derogadas y en sus leyes posteriores.

En carácter supletorio del Derecho de Indias (fuera este especial o general), entraba a regir el Derecho de Castilla. Aquí se aplicaba igualmente la regla de preferir el derecho especial al general. Tratándose del derecho castellano general, regía el orden de prelación establecido por las leyes de Toro (que reprodujo y complementó la prelación del Ordenamiento de Alcalá) y adoptado sucesivamente por la Nueva y Novísima Recopilación.

En los momentos de producirse la revolución de la independencia, el orden de aplicación del derecho supletorio castellano era, en suma, el siguiente:

1. Las leyes dictadas con posterioridad a la Novísima Recopilación, que era la más reciente.
2. La Novísima Recopilación (1805).
3. La Nueva Recopilación (1567).
4. Las Leyes de Toro (1505) incluido por otra parte en la nueva recopilación.
5. Las Ordenanzas Reales de Castilla (Ordenanzas de Montalvo) (1484).
6. El Ordenamiento de Alcalá (1348).
7. Las leyes del Estilo, el Fuero Real y los fueros municipales que se probaren en uso.
8. Las Partidas.
9. A falta de toda ley, el juez debía recurrir al monarca y no le estaba permitido fallar por equidad.

7° La realidad jurídica indiana

Conocida ya la ordenación teórica del Derecho de Indias, veremos ahora cuál fue su aplicación práctica.

a) La investigación hasta ahora realizada en los archivos chilenos permite afirmar que las disposiciones del derecho civil vigente durante la dominación española se aplicaban adecuadamente. El divorcio entre la ley escrita y la realidad jurídica se advierte, en el campo del derecho penal. Los jueces, en contacto con la realidad americana, diversa de la española, tienden a suavizar el rigor de la ley, rebajando con frecuencia las penas. En cuanto al derecho procesal, se comprueba su habitual cumplimiento, en especial cuando él se refiere a la comparecencia de indios y esclavos, cuyos derechos aparecen en la realidad perfectamente garantidos. Solo esporádicamente se anotan alteraciones en la práctica forense; pero aun en estos casos lo que se persigue no es la burla de la ley, sino el hacer más expedita la función de la justicia. Las reglas para la sustanciación de los juicios criminales impartidas por la Real Audiencia de Chile a los jueces legos son una prueba de la meticulosa vigilancia que ejercía este alto cuerpo, y el cumplimiento exacto que en la práctica recibieron dichas instrucciones, como está demostrado, son asimismo un testimonio de la coincidencia que en el campo procesal tuvieron la ley y la vida.

b) Sobre la vigencia práctica en Indias de la Novísima Recopilación de Castilla, de 1805, la investigación en los archivos judiciales del último periodo español en Chile, hasta 1816, prueba que al menos en nuestro país la Novísima no fue entonces aplicada. La especial distancia que separaba a Chile de España, así como los acontecimientos políticos que agitaron a uno y otro territorio muy luego de ser promulgada la Novísima, explican la tardanza en la recepción de su texto. Hay prueba, en cambio, de la aplicación de la Novísima en Buenos Aires en 1811.

c) La Nueva Recopilación y los Autos acordados que la completaron tuvieron en Chile amplia aplicación.

d) En cuanto a los Fueros Municipales, si bien eran solo prácticas locales de Castilla que no podían tener vigencia territorial en Indias, sobrevivieron en estas algunas de sus disposiciones a través de la costumbre transplantada y difundida por los conquistadores. Por ejemplo, el sistema de los cabildos abiertos y la invocación del fuero nobiliario que impide la prisión por deuda del hidalgo, se hace presente ya de los primeros años de la conquista (v. gr., caso de Juan de Cuevas, compañero de Pedro de Valdivia).

e) Sobre la vigencia del Fuero Juzgo en América y su incorporación expresa al orden de prelación, las opiniones se dividen. Algunos se inclinan por la afirmativa, fundándose en que una Real Cédula de 1778, expedida como resultado de una consulta de la Chancillería de Granada, ordenó a esta fallar un pleito prefiriendo el Fuero Juzgo a "Las Partidas", "por cuanto dicha Ley del Fuero Juzgo no se halla derogada por otra alguna". Otros se pronuncian por la tesis contraria observando que el Fuero Juzgo no se menciona en el Ordenamiento de Alcalá y que su posición es la de un simple fuero municipal aplicable a los territorios a que hubiere sido dado, en cuanto se probare su uso, circunstancia que no podría ocurrir en América.

Sin embargo, la invocación del Fuero Juzgo en los escritos de los pleitos chilenos de aquellos tiempos y el hallazgo de su texto en las bibliotecas de los abogados de entonces, prueban que en la práctica fue reconocida su vigencia en Chile Indiano como código general.

f) Llama la atención la preferente aplicación que alcanzan Las Partidas a pesar de figurar en último grado en el orden de prelación establecido. Su texto es el de más frecuente manejo por los juristas pues se aviene más que otro cuerpo legal al derecho romano que se estudia con preferencia al nacional de Castilla, en las universidades de América a igual que en las de España. Además en ellas se encuentra la fuente más abundante del derecho civil y penal, que por la escasa legislación especial dictada en estas ramas para América era de aplicación indudable en estas tierras.

8° La literatura jurídica

De un lado la presencia en América de funcionarios peninsulares en las Audiencias, del otro el estudio del Derecho que se hacía en las universidades, originó la redacción de algunas obras meritorias de doctrina jurídica.

Juan de Matienzo, nacido en España y Oidor en Charcas, colaboró con el virrey Francisco de Toledo en la redacción de sus célebres Ordenanzas del Perú en la segunda mitad del siglo XVI, y fue autor de una obra titulada *Gobierno del Perú*, en que trata del régimen administrativo y social de este país.

Originario de Valladolid y educado en Lima, donde estudió derecho en la Universidad de San Marcos, Antonio de León Pinelo, realza como uno de los grandes ingenios del siglo XVII que escribe sobre temas jurídicos, históricos, bibliográficos y cosmográficos. Fuera de su importante labor en la preparación de la

Recopilación de leyes de Indias, merece recordársele al menos por su obra básica publicada en 1630: *Tratado de confirmaciones reales* referente a encomiendas y otras mercedes[37].

Sin duda el jurista indiano de mas relieve fue Juan de Solárzano Pereira (1575-1655), natural de Madrid; estudiante y catedrático de Salamanca, Oidor en Lima y miembro del Consejo de Indias. Destaca como tratadista por su obra *De Indiarum Iure* que vertida luego al castellano y abreviada por su autor se publicó en 1646 con el nombre de *Política Indiana.* Ella representa el más alto monumento de la ciencia jurídica Indiana y es un anticipado comentario a la Recopilación en que intervino Solórzano[38].

En 1603 se publicó en Lima un importante tratado de derecho procesal, la *Curia Philipica,* bajo el nombre de Juan de Hevia Bolaños, oriundo de Asturias. Él mismo imprime en Lima en 1617 el más fundamental tratado de derecho comercial aparecido en las Indias: "Labyrintho del comercio terrestre y naval". La completa ausencia de antecedentes intelectuales de Hevia, que desempeño modestas funciones de procurador de causas, ha producido dudas sobre la paternidad de sus obras[39].

V. El derecho político y administrativo

1° La incorporación de las Indias a la Corona de Castilla[40]

A. Corona y Monarquía

Al estudiar la Historia del Derecho español se ha visto cómo diversos reinos fueron, a lo largo de los siglos, agrupándose bajo un mismo rey. La reunión de estos reinos pasó a denominarse "corona". Así la "corona de Aragón" se integró con los reinos de Aragón, Valencia, Mallorca, condado de Barcelona y otros territorios no españoles; y la "corona de Castilla" se compuso de los reinos de Castilla y León, del señorío de Vizcaya y de los reinos moros conquistados de Córdoba, Sevilla, Granada, etc. "La corona supone que todos los reinos y señoríos que la integran forman una unidad indivisible, que como tal se transmite hereditariamente. Por eso todos los reinos y señoríos están vinculados a un mismo titular, aunque a este no se le considere de un modo personal o individualizado –al rey Pedro o Juan– sino de un modo abstracto, como titular de la realeza; por eso se habla de la 'corona' o de la unión a esta, porque ella representa a la realeza en abstracto" (García Gallo).

Con el matrimonio de Fernando de Aragón con Isabel de Castilla ambas "coronas" comienzan a ser gobernadas por los mismos reyes, pero ellas conservan su individualidad propia. Además la expansión española en Europa, América, Oceanía y África coloca bajo el cetro de sus monarcas inmensos territorios. A este gran conglomerado, que en verdad constituye un imperio universal, se le denomina oficialmente "Monarquía española". Aquí el término monarquía se emplea no como forma de gobierno sino como una unión política de diversos reinos y territorios bajo un solo rey.

B. El vínculo jurídico de las Indias con la Monarquía española

Entre los reinos que integran una "corona", unos los recibió el rey por herencia (v. gr. Castilla) y otros por "ganancia", esto es, por adquisición personal. No obstante, el destino de los últimos puede ser diferente. En el caso de los reinos moros ya citados, el último de los cuales fue Granada, se entendió que el reino castellano-leonés, como sucesor del reino visigodo, ha recuperado lo que había pertenecido a este. En consecuencia, estos reinos pierden su individualidad política y se fundan en la unidad de que habían salido.

Las Indias, en cambio, eran territorios jamás poseídos por reyes españoles. Por las bulas papales ellos las reciben a título personal, pero a la vez para que queden incorporadas a la corona de Castilla. La donación se hace: "a vosotros el rey Fernando y la reina Isabel y a vuestros herederos y sucesores los reyes de Castilla y León". Al morir Isabel la mitad de las Indias se incorporan a la corona de Castilla y la otra mitad al fallecer el rey Fernando.

Por razón de ser un reino nuevo, carente de una unitaria y propia estructura política y jurídica, se procura asimilar el régimen de las Indias al de Castilla y los súbditos de ambos territorios se consideran iguales en derecho, como quienes poseen una misma nacionalidad. Pero las Indias mantienen, sin embargo, su autonomía y no se funden como Granada con el reino de Castilla. En los documentos oficiales se las llama "reinos de Indias" y su administración se realiza a través de organismos propios, independientes de los que rigen Castilla y solo sometidos, como estos últimos, al mismo monarca. El rey común es, en realidad, el vínculo jurídico visible que liga a las Indias con Castilla dentro de la misma "corona" y monarquía.

2° El régimen de gobierno y administración de las Indias[41]

El gobierno de las Indias corresponde al rey que lo ejerce a través de autoridades creadas al efecto tanto en la metrópoli como en el territorio americano.

Estos organismos sufren algunas variaciones en los sucesivos periodos de los Reyes Católicos, los Austria y los Borbones.

En términos generales, podemos decir que los organismos con radicación en la metrópoli fueron: el Consejo de Indias (que en el siglo XVIII cede Atribuciones a la Secretaría de Indias y desaparece en 1812) y la Casa de Contratación abolida en 1790.

Entre las autoridades con radicación en los territorios de Indias las hubo unipersonales y colegiadas. Figuran entre las primeras los virreyes, gobernadores o corregidores, y desde el siglo XVIII los intendentes y los subdelegados, estos últimos en reemplazo de los corregidores. Pertenecen a las colegiadas las Audiencias y los Tribunales del Consulado.

De un carácter especial son los Cabildos Indianos, representantes de la comunidad o "república" frente a la corona.

Entraremos a estudiar especialmente estos organismos en los diversos periodos de la Historia Indiana.

3° Las autoridades metropolitanas para el Gobierno de Indias

A. Bajo los reyes Católicos

Esbozo inicial del gobierno metropolitano de las Indias fue el que practicó, por expresa delegación de los Reyes Católicos, Juan Rodríguez de Fonseca, miembro del Consejo de Castilla, asesorado de un contador mayor y un tesorero. Por iniciativa de Francisco Pinelo, que tenía este último puesto, los reyes instituyen en 1503 en Sevilla la Casa de Contratación destinada a vigilar el comercio de Indias, y que, aunque funciona como organismo autónomo, queda bajo la dependencia superior de Fonseca.

B. Bajo los Austria

Carlos I organiza la Junta de Indias, de la que se deriva la institución definitiva por el mismo rey, en 1524, del Real y Supremo Consejo de las Indias, bajo cuya dependencia se coloca a la Casa de Contratación. Veamos en particular ambos organismos.

a) El Consejo de Indias[42]

Tiene igual jerarquía que el Consejo de Castilla y sus principales integrantes son: un Presidente que puede o no ser letrado, cinco consejeros, un fiscal y un Canciller. Pueden agruparse sus Atribuciones en las siguientes:

a) Atribuciones legislativas: Preparación de las leyes relativas a América y revisión de las disposiciones legales dictadas por las autoridades residentes en Indias.

b) Atribuciones judiciales: conocer: 1. de la apelación de los juicios de contrabando, cuya primera instancia corresponde a la Casa de Contratación. 2. del recurso de segunda suplicación, que procedía en los juicios civiles en contra de las sentencias definitivas dadas en grado de revista por las Audiencias en causas iniciadas en ellas desde la primera instancia y cuyo monto excediera de seis mil pesos oro. 3. de los juicios de residencia, cuyo objetivo era averiguar la conducta de altos funcionarios de las Indias, y 4. de las contiendas de jurisdicción entre autoridades civiles y religiosas.

c) Atribuciones políticas y administrativas: otorgar el pase a las resoluciones de autoridades peninsulares con efecto en las Indias y a las bulas pontificias, y autorizar la impresión y envío de Libros a América.

d) Atribuciones económicas: organizar el comercio de Indias a través de la Casa de Contratación.

e) Atribuciones militares: velar por la defensa de los dominios de ultramar constituyéndose en especial para este objetivo la llamada "Junta de guerra de Indias", integrada por cuatro Consejeros de Indias y cuatro miembros del Consejo de Guerra.

b) La Casa de Contratación[43]

Se crea en un principio con atribuciones de orden comercial, las cuales se amplían enseguida al dominio judicial y científico. Pueden señalarse como funciones de este cuerpo las siguientes.

a) Desde el punto de vista económico, la organización de las flotas, concesiones de licencias, embarque y recepción de mercaderías;

b) Desde el punto de vista judicial, actuar como tribunal civil en las cuestiones mercantiles y conocer de los delitos ocurridos en la "carrera de Indias";

c) Desde el punto de vista científico, levantar cartas geográficas del Nuevo Mundo, enseñar pilotos para navegar a Indias (el cargo de Piloto Mayor se creó en 1500, en la persona de Américo Vespucio), y

d) Desde el punto de vista administrativo: celebrar capitulaciones y dictar instrucciones a los nuevos conquistadores.

La Casa se compone de un Presidente, tres oficiales reales encargados del control de comercio (Tesorero, Factor y Contador), de una Audienda encargada de administrar justicia (2 Oidores, Fiscal y Relator) y un Piloto Mayor, que debe preparar y examinar a los pilotos.

C. Bajo los Borbones

El espíritu absolutista de la nueva dinastía produce el debilitamiento paulatino de los Consejos, entre los que se encuentra el de las Indias. La creación de la Secretaría de Marina e Indias por Felipe V, en 1714, coloca poco a poco los asuntos americanos bajo la dependenda inmediata del monarca. No solo pierde Atribuciones el Consejo de Indias sino también la Casa de Contratación, a quien se le quita la dirección de las expediciones marítimas y se la suprime al fin en 1790.

La Constitución de 1812 pone término definitivo al Consejo de Indias, al crear como Consejo único el Consejo de Estado, compuesto de 40 miembros, doce de los cuales debían ser americanos. Instituyó asimismo –entre siete departamentos ministeriales– el de "Gobernación del reino para Ultramar" y contempló la representación de las provincias de América en las Cortes del reino.

4° Las autoridades territoriales para el Gobierno de Indias

a) La Administración en los comienzos de la Conquista.

Las "Capitulaciones de Santa Fe", firmadas entre Colón y los Reyes Católicos antes de emprender su primer viaje de descubrimientos, y las "Instrucciones" que los monarcas le dieron para su segunda expedición, pueden considerarse como los documentos iniciales sobre la organización y gobierno de las nuevas tierras. Colón es designado Almirante, Virrey y Gobernador de todas las Islas y territorios que se descubrieron. Como Almirante tiene jurisdicción marítima al oeste de las Azores y Cabo Verde, gobierna las flotas, administra en ellas justicia y participa de las ganancias que por ellas se obtienen. Por los cargos de virrey (que no existió en Castilla sino en la corona de Aragón) y de gobernador, ejercía en las tierras por él descubiertas funciones políticas y judiciales.

Por una parte la experienda adquirida y, por otra, la amplitud cada vez mayor de los descubrimientos, hacen que la organización se torne más compleja. Se instituyen así diversas gobernaciones, en un principio independientes entre sí y solo sometidas a las autoridades metropolitanas. Igualmente se crean en un comienzo los Adelantados, funcionarios que reúnen Atribuciones judiciales y militares. Vasco Núñez de Balboa y Diego de Almagro, entre otros, ostentaron esta dignidad.

b) La Administración organizada por los Austria

Las necesidades de dar una estructura definitiva y orgánica a la administración en Indias, cuando ya era posible apreciar la magnitud de los territorios descubiertos, como asimismo la conveniencia de asegurar en ellos la soberanía real, más de una vez amenazada por el espíritu levantisco y ambicioso de los conquistadores que ejercieron funciones de gobierno, estimula la creación de órganos superiores de la administración territorial: las Audiencias y los virreyes. Al instituirlos, la corona procura evitar las consecuencias abusivas que se podrían derivar de una concentración unitaria de poderes, estableciéndose para ello un régimen de distribución y equilibrio de funciones que permite la recíproca fiscalización. Es el llamado sistema de frenos y contrapesos.

Bajo los Austria se instituyen dos grandes verreinatos: Nueva España (México) en 1535 y Perú en 1542. Del primero dependieron las Audiencias de Santo Domingo, México, Guatemala y Guadalajara; y del segundo las de Panamá, Santa Fe de Bogotá, Lima, Charcas, Chile y Buenos Aires.

a) Los virreyes eran designados por el monarca a propuesta del Consejo de Indias. Sus atribuciones eran amplias en el orden administrativo y militar. Les corresponde como Superintendentes de la Real Hacienda velar sobre esta, sin que pudieran instituir gastos nuevos que no tuviesen la previa venia del Rey. Eran además presidentes de la Audiencia que residía en la capital del virreinato y tenían bajo su tuición las demás Audiencias instaladas en el territorio virreinal. Tratándose de Chile, el virrey de Perú proveía las acefalías que podían producirse en la Audiencia y proveía también interinamente la presidencia de esta última en el caso de vacancia. Tocante al patronato indiano, los virreyes eran considerados Vice-Patronos, y como tales mantenían cierta tuición sobre el gobierno eclesiástico y controlaban la vigencia de las bulas pontificias. Los virreyes duraban generalmente cinco años en sus funciones y al término de ellas debían someterse al "juicio de residencia", en el cual daban cuenta detallada de su administración y respondían a los cargos que sus antiguos súbditos formulaban en su contra[44].

Subordinados a los virreyes funcionaban los Capitanes Generales y los Gobernadores. Chile fue una Capitanía general dependiente del virreinato de Perú. Su autoridad suprema ostentaba los títulos de Gobernador, Presidente de la Real Audiencia y Capitán General del ejército.

Cabe por último señalar a los Corregidores encargados de la administración de un "partido" o departamento, donde ejercían, además, funciones judiciales, y que presidían los Cabildos de las ciudades de su residencia.

b) Las Audiencias indianas tuvieron como modelos a las Chancillerías de Valladolid y de Granada en cuanto a sus funciones de orden judicial, pero sobrepasaron a estas en autoridad pues ejercieron además atribuciones de tipo político y administrativo. Bajo los Austria es posible distinguir dos etapas en la historia de las Audiencias indianas: 1. El periodo ejecutivo, que se inicia con la creación de la primera Audiencia en Santo Domingo en 1511 y se extiende hasta la sanción de las Ordenanzas de Audiencias en 1563. Durante este tiempo las Audiencias intervinieron directamente en el Gobierno con Atribuciones de carácter ejecutivo. Perteneció a este tipo la primera Audiencia de Chile, aunque se creó en 1565 después de las Ordenanzas; 2. El periodo político, que se inicia en 1563 y se extiende hasta 1776. Aunque en él no ejercen directamente funciones ejecutivas, mantiene un fuerte control sobre los funcionarios de gobierno y administración; 3. Las Audiencias tienen un tercer periodo preferentemente judicial, desde 1776, fecha de la Instrucción de Regentes, como se dira más adelante, al hablar del periodo borbónico.

Las Audiencias se dividieron también en virreinales, cuando funcionaban en la cabecera de un virreinato; pretoriales, si funciónaba en la cabecera de una capitanía; y subordinadas, si eran presididas por un togado.

El motivo de la creación de la primera Real Audiencia en Chile fue establecer una autoridad con suficiente independencia para velar por el cumplimiento de las leyes relacionadas con la condición de los indígenas, como asimismo realizar una estricta fiscalización de la Real Hacienda. Fue instituida en 1565, comenzando en realidad a funcionar dos años más tarde con sede en la ciudad de Concepción, habiéndosele concedido en un principio no solo Atribuciones judiciales sino también de gobierno. En 1573 fue suprimida en razón de los desastres de la guerra de Arauco que aconsejaban colocar al frente del país un experto militar y no letrados. Se ordenó restablecerla con asiento en Santiago en 1606, aunque funcionó en realidad solo a partir de 1609[45].

Durante los Austria se rigió por las Ordenanzas especiales dadas para ella por el Rey Felipe III; el 17 de febrero de 1609 obra, entre otros, del célebre jurisconsulto Rodrigo de Aguiar, uno de los iniciadores de la Recopilación de Indias. En carácter supletorio regían también para la Audiencia de Chile, la Ordenanza de Audiencias de 1563 y en su defecto las Ordenanzas de las Chancillerías de Valladolid y Granada.

La Real Audiencia estaba integrada por el Gobernador, que era su presidente, cuatro oidores, un fiscal, un alguacil mayor y un Teniente de Gran Canciller.

Las Atribuciones de la Audiencia eran gubernativas, administrativas, eclesiásticas y judiciales. Estas últimas las analizaremos al estudiar la organización de la justicia.

1. Atribuciones Gubernativas. a) Tomar el mando en corporación a falta de Gobernador, correspondiendo el cargo de Capi-

tan General al Oidor más antiguo; b) Servir de órgano consultivo en materias de gobierno, reuniéndose para este efecto periódicamente con el Presidente, en sesiones llamadas "salas de acuerdo", donde se adoptaban resoluciones denominadas "autos acordados"; c) Vigilar la conducta de los Corregidores mediante las "visitas de la tierra" practicadas por los Oidores, y d) Examinar las ordenanzas de los Cabildos y otorgarles una vigencia interina de dos años hasta la definitiva aprobación del Consejo de Indias.

2. Atribuciones Administrativas. a) Recibir y ejecutar las providencias reales, pudiendo suspender su cumplimiento si contienen vicios de obrepción y subrepción, o causan daño irreparable o escándalo, debiendo en tales casos entablar de inmediato el recurso de suplicación; b) Velar por el buen tratamiento de los indios, y c) Requisar los libros de circulación prohibida.

3. Atribuciones en Materias Eclesiásticas. a) Velar por el derecho de patronato real en Chile, informando al rey el mérito de los eclesiásticos que podían ser promovidos a dignidades; b) Comprobar que las bulas pontificias contaban con el pase del Consejo de Indias, y c) Conocer del "recurso de fuerza" que era el entablado por el que se sentía agraviado por el dictamen de un juez eclesiástico.

Tienen además las Audiencias importantes atribuciones de carácter judicial a que nos referiremos al tratar de la organización de la justicia.

c) La Administración bajo los Borbones

El propósito centralizador de los Borbones en el gobierno territorial de América se traduce, de una parte, en la creación de nuevos virreinatos, que refuerzan la tuición sobre los vastos territorios americanos, y de la otra en la creación de nuevas autoridades –regentes e intendentes– que, junto con reducir las atribuciones económicas judiciales de virreyes y gobernadores y las atribuciones administrativas de las Audiencias, definen con más exactitud la esfera de acción de cada uno de estos poderes y extiende hacia mayores ámbitos el control del rey.

Veamos con más detalle las medidas entonces tomadas:

1. Del virreinato del Perú se desglosan dos nuevos: el de Nueva Granada (en 1717, suprimido después y restablecido en 1739) y el de Buenos Aires (1776), al cual se añade la provincia de Cuyo hasta entonces dependiente de Chile.

2. El 20 de junio de 1776 se dicta la Instrucción de Regentes, que crea en las Audiencias estos funcionarios letrados, encargados de presidir las salas de justicia en ausencia del virrey o presidente, repartir las salas, distribuir las causas y dirigir las Audiencias en lo contencioso y económico[46].

3. Se trasplanta a América el régimen francés de los Intendentes, aplicado ya en la península. En 1782 se dictó la "Ordenanza de Intendentes", para ser aplicada en el Río de la Plata. Fue extendida en 1786 a Chile, dividiéndose el territorio de este último en dos Intendencias: la de Santiago, que se extendía desde los límites con Perú hasta el río Maule, y la de Concepción, que partía de este hasta los últimos fuertes de la frontera de Arauco, conservándose el archipiélago de Chiloé bajo la jurisdicción del virrey de Perú[47].

Los Intendentes tienen funciones administrativas, judiciales, militares y de hacienda. Entre las administrativas están las de visitar la provincia a su cargo y supervigilar sus autoridades, reemplazando así, en estas tareas, a la audiencia; presidir los Ayuntamientos de sus capitales; cuidar de la policía de seguridad, ornato y obras públicas; y actuar de Vice-Patrono en la provincia. La función judicial la desempeña el Intendente a través de un Teniente Letrado que ejerce la jurisdicción contenciosa civil y criminal en el territorio de la Intendencia y de cuyas sentencias se apela a la Audiencia. Además este Teniente Letrado actúa de asesor del Intendente en los asuntos administrativos, militares y de hacienda. Las atribuciones del Intendente en este último ramo comprenden la de inspeccionar las rentas de la real hacienda y supervigilar los propios y arbitrios de los municipios. En materia militar tiene a su cargo la mantención del ejército y la organización de la defensa del territorio.

Por las Ordenanzas de Intendentes se suprimieron los Corregidores, reemplazándoseles en Chile por los Subdelegados. En los pueblos de Indios que eran cabecera de partidos se nombraron subdelegados españoles para administrar justicia, sin perjuicio de respetar la costumbre, donde la hubiere, de elegir por los indios cada año sus propias autoridades.

Tanto la Instrucción de Regentes como la Ordenanza de Intendentes tendieron a deslindar las Atribuciones de Virreyes y Capitanes Generales, por un lado, y de las Audiencias, por otro, y además quitar a esta, para entregarlas a los Intendentes, las facultades de orden administrativo reduciendo así a estos últimos cuerpos a las funciones de tribunal y de órgano de consulta del Gobernador. Desde este momento las Audiencias entran a la tercera etapa de su historia: la de las Audiencias preferentemente judiciales.

4. Un paso más en el propósito de quitar a la Audiencia atribuciones gubernativas fue la Real Orden de 1806 que privó a este organismo del derecho de suceder en cuerpo al Gobernador en caso de muerte, y estableció el siguiente orden en la sucesión interina: 1. la persona que con auterioridad designare para este efecto el virrey de Perú; 2. el oficial de mayor graduación que residiere en Chile; 3. el Regente de la Audiencia; 4. el Oidor Decano.

Este nuevo sistema tuvo su aplicación práctica en 1808 a la muerte del gobernador Luis Muñoz de Guzmán, en que correspondió el mando al brigadier Francisco Antonio García Carrasco, por no haberse designado con anterioridad ningún sucesor por el virrey de Perú.

5. La emancipación administrativa de Chile del Virreinato de Perú se acentúa cada vez más, hasta declararse por Real Orden de 15 de marzo de 1798, en respuesta a una consulta del gobernador Avilés, que el Capitán General de Chile es independiente del Virrey "como siempre debió entenderse".

5° Las ciudades y los cabildos[48]

La fundación de las ciudades en las Indias es directamente estimulada por los monarcas en las capitulaciones e instrucciones y en las ordenanzas de descubrimientos. Se aconseja escoger sitios fértiles y sanos, dotados de aguas y bosques. Se reglamenta asimismo la planta de la ciudad, que ha de ser en forma de tablero de damas, con una plaza rectangular al centro, donde se sitúan la iglesia y la casa del cabildo. Se contempla además la existencia de recursos que pueden ser: bienes propios, que pertenecen al municipio como persona jurídica y sirven para sufragar sus gastos ordinarios; bienes comunales, que se destinan al usufructo de todos los vecinos (praderas y bosques, denominados ejidos o dehesas); y arbitrios, que son recursos extraordinarios, como multas o impuestos, que sirven para subvenir a las necesidades locales.

La administración local está entregada al Cabildo. Él representa los intereses de la comunidad o "república".

El 7 de marzo de 1541, esto es, pocos días después de haber fundado la ciudad de Santiago, Pedro de Valdivia procedió a designar a los miembros que debían constituir el primer Cabildo de Chile, que tuvo por Alcaldes a Fco. de Aguirre y Juan Dávalos Jufré. A partir de entonces el cabildo funcionó integrado por dos Alcaldes ordinarios y seis regidores, el Procurador que tenía la representación legal de la comunidad y como tal tomaba la palabra en nombre del pueblo en los cabildos abiertos; el Alférez Real que cuidaba del estandarte real; el Fiel Ejecutor, que vigilaba los precios y aranceles.

Los cargos edilicios duraban un año y era obligatorio aceptarlos. Para ser elegido miembro del Cabildo era necesario ser vecino de la ciudad, esto es, tener casa poblada en ella. El conjunto de vecinos se denominó "república". Al iniciarse cada año, los concejales que cesaban elegían a sus sucesores. Sin embargo, la corona fue interviniendo progresivamente en la generación de los Cabildos vendiendo en subasta pública las varas de regidores y otorgando estos cargos a perpetuidad. En 1757 la totalidad de los regidores de Santiago tuvo este origen.

Aunque las sesiones eran presididas por el Gobernador o su Teniente o el Corregidor, solo los capitulares tenían derecho a voto. Las reuniones del Cabildo podían ser cerradas o abiertas, entendiéndose por las últimas la celebración de asambleas con asistencia de los vecinos principales de la ciudad para tratar asuntos de importancia extraordinaria (v. gr. elección de Pedro de Valdivia como Gobernador en 1541; nombramiento de la Junta de Gobierno de 1810).

Las Atribuciones del Cabildo eran muy variadas, pudiendo clasificarse en la siguiente forma:

a) Funciones políticas

Fueron preferentemente ejercidas por el Cabildo de Santiago que se consideraba cabeza del reino. Entre ellas destacaron las siguientes:

Designar Gobernador interino mientras el rey proveyese en definitiva (v. gr. el Cabildo de Veracruz a Cortes; el de Santiago a Valdivia); recibir el juramento del gobernador designado por el monarca; destituir al gobernador tiránico en nombre de la comunidad. (Acuña y Cabrera en 1655, por el Cabildo abierto de Concepción). Estas Atribuciones estaban reguladas por el derecho consuetudinario y fueron mayores en el siglo XVI. Con la creación en Chile de la Real Audiencia disminuyeron en la práctica.

b) Funciones administrativas

Redactar las ordenanzas de la ciudad; entender de la construcción y reparo de los puentes, caminos y demás obras públicas; cuidar del hospital de pobres, otorgar licencias a los médicos; conceder derecho de vecindad; etc.

c) Funciones económicas

Fijar los precios, calidad y forma de venta de las mercaderías; regular la producción y la exportación de los artículos de primera necesidad; controlar el ejercicio de los oficios organizados en gremios y fijar los aranceles a que estos debían someterse; nombrar los fieles ejecutores encargados de hacer cumplir las disposiciones anteriores; fijar los pesos y medidas; supervigilar el "tránguez" o mercado.

Ejercía además el Cabildo, por medio de los Alcaldes, funciones judiciales, como se indicará más adelante.

VI. El real Patronato[49]

1° Los privilegios patronales

El interés demostrado por los reyes Fernando e Isabel en favorecer la expansión del cristianismo en las nuevas tierras, como también las muestras de adhesión a la fe católica dadas durante su reinado en España, explican la concesión en favor suyo y de sus sucesores del patronato sobre la Iglesia en las Indias. En términos generales, el Patronato consistio en la delegación en la Santa Sede de algunos derechos sobre la Iglesia en América en beneficio de los monarcas castellanos.

Ya en las bulas "inter Caetera" de 1493 hay una primera delegación de facultades de parte del Pontífice romano, pues, a cambio de la donación de las nuevas tierras, se obliga a los reyes a enviar allí misioneros. Una nueva bula de Alejandro VI, la *Eximiae Devotionis,* de 1501, dio a los monarcas españoles el derecho a cobrar los diezmos de la Iglesia de América con cargo de mantener el culto. Pero, sin duda, el patronato da su paso fundamental en 1508, con la bula *Universalis Ecclesia* de Julio II, por la que se otorgó a los reyes el derecho de presentación de personas idóneas para los cargos de arzobispos, obispos y canónigos de las catedrales de las Indias. En fin, por la bula *Sacris Apostolatus Ministerio,* de 1518, se concedió a los monarcas la facultad de dividir y delimitar las diócesis americanas.

2° El regalismo

Aparte de las concesiones recibidas de los Papas, los monarcas ejercieron otros derechos sobre la Iglesia, que juzgaron atributos inherentes a su soberanía. Esto es lo que constituyó el regalismo.

Uno consistía en el *exequatur* o pase regio, que era el permiso previo que debían recibir las bulas pontificias para su vigencia en América. Esta función la tuvo a su cargo el Consejo de Indias. Otro derecho invocado por la corona fue el de las "Cartas de ruego y encargo" por las que ponía en posesión del gobierno de las diócesis vacantes a los presentados a ellas, antes de recibir del Papa la bula de nombramiento. Un tercer privilegio que se arrogaban los reyes era el de conceder el "recurso de fuerza", por medio del cual los eclesiásticos podían acudir ante los tribunales en contra de las órdenes emanadas de sus superiores.

En la segunda mitad del siglo XVI la hipertrofia del regalismo fue derivando a la formación de la teoría vicarial, según la cual la suma de poderes delegados por el Papa en los reyes españoles importaba constituir a estos en vicarios del Sumo Pontífice en las Indias, o sea en sus suplentes en asuntos espirituales. Religiosos radicados en México y Perú plantearon la doctrina de su deseo de conseguir el apoyo de la corona frente a los obispos, de cuya jurisdicción querían librarse. Pero quien dio forma a la teoría fue el jurista Juan de Solórzano Pereira en su obra *De Indiarum Iure*. La Santa Sede condenó en 1642 la doctrina de Solórzano, pero este insistió en ella en la versión castellana de su citado libro que publicó en 1646 con el nombre de *Política Indiana*.

3° El regalismo en el siglo XVIII

En este siglo el regalismo adquiere mayor desarrollo. No es extraña a este proceso la circunstancia de que la corona reclamara para sí una mayor concentración de poderes, que encuentra en el "despotismo ilustrado" su fórmula de expresión, como asimismo la infiltración en España de las doctrinas galicanas, que, sin romper dogmáticamente con la Santa Sede, aspiraron a reducir su injerencia al orden puramente espiritual y a constituir en Francia una Iglesia nacional al servicio del Estado. Además la exaltación de los tiempos visigodos sirve al conde de Campomanes, ministro de Carlos III, para justificar históricamente la injerencia estatal en la vida eclesiástica y poner así a España a tono con la línea extrema del organismo dieciochesco.

La fuerte intervención del Estado en los asuntos eclesiásticos lleva a adoptar medidas de trascendencia. Fue una de ellas la expulsión decretada en 1767 por Carlos III de los jesuitas de todos sus dominios; como también la convocatoria a concilios provinciales sobre la base de un temario preestablecido por el monarca –el "tomo regio", como en los tiempos visigodos– que tocaba asuntos de disciplina eclesiástica, fomento de las misiones y proscripción de doctrinas atribuidas a los jesuitas ya expulsados. Uno de estos concilios se celebró en Lima en 1772 y a él acudieron los dos Obispos de Chile (Santiago y Concepción). Carlos III no logró obtener las medidas que deseaba y por eso no prestó su aprobación a los acuerdos de la reunión.

VII. El Derecho Privado

1° La capacidad

Indios y españoles estaban equiparados en la capacidad jurídica. Pero a los indios, por su menor cultura y para evitar su explotación, se les consideró incapaces relativos y, como tales, sujetos a protección. De la protección del indígena estaban encargadas todas las autoridades, civiles y religiosas. Además, para este objetivo, se crearon funcionarios especiales, llamados protectores. En Chile los instituyó el gobernador García Hurtado de Mendoza; y en 1583 los perfeccionó el gobernador Alonso de Sotomayor, creando un protector general con facultad de nombrar lugartenientes en cada ciudad. El gobernador Oñez de Loyola en 1593 y el virrey de Perú, príncipe de Esquilache en la Tasa de su nombre, transformada en 1622 en Tasa Real, desarrollaron la citada institución.

Tocaba a los Protectores defender a los indios en su persona y bienes, tanto en las gestiones litigiosas como en la celebración de los actos y contratos. En estos últimos actuaban en representación de los indios los Corregidores o sus Tenientes.

Los indígenas eran, además, equiparados a la clase "pechera" de Castilla y como tales pagaban tributo. Sus caciques, en cambio, eran asimilados a la clase de los hidalgos y así no tributaban.

Para los mestizos rigieron ciertas limitaciones en la capacidad: no podían ser escribanos, receptores, protectores de indios, ni recibir órdenes sagradas.

En cuanto a los negros esclavos, si bien carecían de independencia, conservaban su derecho de personalidad. Así podían recibir herencias y legados, y percibir la remuneración que recibieren en los trabajos realizados dentro de las horas libres.

2° La familia

Las leyes reconocen el matrimonio celebrado entre españoles e indígenas, regulándose, como en España, por las disposiciones del Concilio de Trento. Se extiende también para las Indias la prohibición de los altos funcionarios (virreyes, gobernadores, oidores, fiscales, corregidores) de casarse en los distritos de su jurisdicción, aunque es posible obtener licencia para ello. La violación de esta prohibición no invalida el matrimonio y tiene como única sanción la pérdida del cargo.

Se prohíbe la poligamia entre los indios. Las leyes protegen de manera especial la libertad de los indios para contraer matrimonio y procuran evitar la intervención abusiva de los caciques y de los encomenderos, y el de que los padres indios den en venta a sus hijas, como ocurría entre los araucanos. Se prohíbe, asimismo, a los encomenderos separar entre sí a los indios casados.

A los españoles que viven en América, encontrándose sus mujeres en España, se les obliga a traerlas a las Indias, prohibiéndose a continuación el pase al nuevo mundo de los casados que no llevaren consigo a sus mujeres.

Una pragmática de 1776 dispuso que para celebrar matrimonio se requería el consentimiento de los padres o abuelos, admitiéndose el recurso de los hijos ante la justicia ordinaria en el caso de negarse sin causa este permiso.

3° Las obligaciones

Existía, en términos generales, el derecho de libre contratación, pero se establecían ciertas restricciones a los que ejercían funciones de gobierno y justicia, y a sus mujeres e hijos, para contratar y adquirir casas y tierras. A fin de evitar la ociosidad de los indios, se les obligaba a trabajar, contratando libremente sus servicios. De ello se hablará con más detalle al aludir al Derecho del Trabajo.

4° El Derecho de Propiedad

Como consecuencia de la soberanía que ejercía en América, la corona castellana se consideró dueña eminente de las tierras de América (tierras de realengo) y procedió a repartirlas entre los beneméritos. De esta forma, la mera ocupación no constituyó título de dominio si no tenía fundamento en una merced de tierras otorgada por las autoridades en nombre del rey. Estas mercedes se concedieron sin perjuicio de tercero, lo que importaba reconocer el dominio que tenían los indígenas en sus tierras a la llegada de los españoles. En diversas Ordenanzas y Tasas dictadas en Chile a lo largo de los siglos XVI y XVII existe el propósito de constituir de manera estable la propiedad indígena y rodearla de la correspondiente protección. Los ensayos de constituir al respecto pueblos de indios con tierras individuales y colectivas para sus habitantes no logran en Chile gran resultado.

Aparte de la propiedad privada individual entre los españoles, se constituyeron también, al fundarse las ciudades, las dehesas o ejidos, consistentes en el aprovechamiento común de aguas, montes y pastos.

5° El Derecho Minero[51]

Existe una prolífica legislación minera en Indias. En un orden cronológico sucesivo cabe indicar al respecto: 1° Las Ordenanzas del virrey de Perú, Francisco de Toledo en 1574; 2° Las Ordenanzas de Perú del licenciado Tomás de Ballesteros, de 1683, que recopilaron y coordinaron las anteriores de Toledo y las dictadas por los virreyes siguientes; 3° Las Nuevas ordenanzas de minas para el reino de Chile, redactadas, por encargo de la corona, por Francisco García Huidobro, que adaptaron a las circunstancias propias del país las Ordenanzas de Perú y recibieron la aprobación del gobernador Ortiz de Rozas en 1755; y 4° Las Ordenanzas de Nueva España aprobadas por la corona en 1779 y extendidas sucesivamente a Perú y Chile, con adaptaciones especiales hechas para uno y otro país por el virrey y el gobernador respectivos, el último de los cuales, Tomás Álvarez de Acevedo, promulgó un texto especial para Chile en 1787. Estos diversos cuerpos legales se expidieron sin derogar los anteriores, de manera que en su aplicación se siguió la regla habitual de preferir la ley más nueva a la más antigua, y que a falta de norma especial dada para Indias se acudiera a la legislación minera de Castilla como subsidiaria (v. gr. 129).

De acuerdo con la doctrina vigente, tanto en la legislación minera de Indias como en la castellana, la corona tenía el dominio eminente de las minas, que eran concedidas en propiedad a los particulares bajo la condición de pagar a la real hacienda determinadas contribuciones y de labrar la mina. En caso de no cumplirse estas obligaciones caducaba la concesión y podía otorgarse la mina a otra persona que la denunciare por alguna de esas circunstancias.

Se considera como descubridor de la mina el que primero se presente a registrarla ante el diputado de minas correspondiente.

VIII. El Derecho del Trabajo[52]

1° Preliminares

La reglamentación del trabajo aparece contemplada desde los primeros años de la colonización española. Tratándose del caso de Chile merece recordarse que Pedro de Valdivia prohibió imponer a los naturales cargas de un peso mayor de dos arrobas y que el Cabildo de Santiago, en 1548, aseguró de manera expresa el descanso dominical y demás días festivos, que entonces eran numerosos.

2° El Contrato de Trabajo

Tanto la legislación metropolitana como la territorial de Indias reglamentan minuciosamente el contrato de trabajo de españoles, mestizos, indios y negros. A estos contratos se les llama "asientos de trabajo". Se celebran por escritura pública ante escribano y tratándose de un contratante aborigen –por ser incapaz relativo– con la comparecencia del Corregidor o su Teniente o un juez de comisión. El empleador se comprometía a dar buen tratamiento al indio y adoctrinarlo en la fe católica, y se obligaba con su persona y bienes a cumplir el convenio; y por su parte el Corregidor o su Teniente, en nombre del indio, a cumplir lo pactado, so pena de castigo del último. Si el indio está sujeto al régimen de encomienda, es decir, a la obligación de pagar el tributo a un encomendero, se contempla en el "asiento de trabajo" la deducción del tributo del salario que el trabajador va a percibir.

Los indios están obligados a concertar trabajos desde los 18 años hasta los 50. El plazo del contrato de trabajo era de un año y la jornada se iniciaba hora y media después de la salida del sol y duraba hasta su puesta, con una hora para comer y descansar a mediodía. En los meses de mayo a agosto solo trabajaban desde las 10 de la mañana a las 4 de la tarde. Se consagraba el descanso para domingos y fiestas de guardar.

En los primeros años de la colonización y sobre todo cuando faltaban trabajadores voluntarios, se empleó el sistema de la mita, por el cual se sacaba a trabajos por turno a grupos de indios de un pueblo. Este sistema fue adoptado de la costumbre vigente en Perú en tiempo de los Incas. La mita en Chile se usó de preferencia en el siglo XVI en los lavaderos de oro, pero hay constancia de que ya en el siglo XVIII no existía y que el trabajo minero era concertado libremente.

3° Encomienda y trabajo

Tuvo incidencia en el régimen del trabajo el sistema de las encomiendas, instituido, de una parte, para promover la cristianización de los indígenas y, de otra, para premiar a los colonizadores benémeritos. La encomienda era un privilegio otorgado por el rey a un benemérito de Indias para percibir por sí y su inmediato sucesor el tributo que un grupo de indios estaban obligado a pagar en su calidad de súbditos de la corona, con cargo de cuidar del bien espiritual y temporal de los encomendados y de defender el territorio. En el caso de Chile, la pobreza de los indígenas, su poco hábito de trabajo y la necesidad de los españoles de concurrir periódicamente a la guerra, hizo que el encomendero interesado en asegurar el tributo del indígena, y en disponer de mano de obra en sus haciendas, sustituyera a menudo la percepción del impuesto por el trabajo personal del indio. La legislación vino a reglamentar esta situación, primero con la llamada Tasa de Santillán, aprobada por el rey en 1561, que junto con establecer el sistema de la mita, dispuso como remuneración el pago a los trabajadores mineros del "sesmo" o sexta parte del oro que extrayeren, y a los trabajadores del campo de la entrega de ropa y animales. Luego la Tasa del gobernador Martín Ruiz de Gamboa de 1580, consagró para Chile el sistema del trabajo libre remunerado con salario y reglamentó su forma de pago. Este mismo sistema lo mantuvo la Tasa expedida para Chile por el virrey de Perú, príncipe de Esquilache, que recibió, con algunas modificaciones, sanción de la corona en 1622 y fue entonces promulgada como Tasa Real e incluida en 1680 en la Recopilación de Indias. A partir de 1633 y de acuerdo con la Tasa del gobernador Francisco Laso de la Vega, los indios quedaron en libertad de pagar el tributo en efectivo o en trabajo, estimándose en el último caso que cuarenta días de trabajo equivalían al tributo anual de diez pesos. El hallazgo en los archivos de escribanos de la época de numerosos "asientos de trabajo", de que se habló anteriormente, prueba la aplicación práctica en Chile del sistema de libre contratación de servicios.

4° La Previsión Social

Aparte de la reglamentación del contrato de trabajo en el periodo indiano, se comprueba en él la existencia de la previsión social. El patrono, en efecto, está obligado a curar al indígena que hubiere contraído alguna enfermedad estando a su servicio. Corre también de cuenta del patrón la asistencia médica del indígena que ha sufrido un accidente por causa del trabajo. En fin, adaptando un sistema existente en las comunidades indígenas peruanas, se crearon las llamadas "cajas de comunidad", cuyos ingresos provenían de la venta de ganado y de las cosechas de las tierras comunes de los pueblos indígenas, de la renta de arrendamiento de las mismas y de los intereses de los censos o préstamos con garantía de un bien raíz que se hacía a los españoles. La utilidad de estas "cajas" servía en la adquisición de ropas y herramientas para los indígenas, en la atención de los huérfanos e inválidos y en el mantenimiento de hospitales. Por disposición legal estos últimos debían fundarse también en cada ciudad para la atención de los pobres.

IX. El Derecho Penal[53]

Fuera de lo dispuesto en el derecho castellano preferentemente en la VII Partida, y en el general para Indias, se encuentran normas referentes al derecho penal vigente en Chile en esos tiempos, en los bandos de los Gobernadores y corregidores, autos acordados de la Audiencia y ordenanzas de los Cabildos. Allí se toman medidas para evitar el alcoholismo, la vagancia y la mendicidad. Sobre el régimen carcelario, dan normas las

Ordenanzas de la Real Audiencia de Chile de 1609 y se reiteran en una Instrucción redactada por encargo de dicho tribunal por el Fiscal Ambrosio Zerdán y Pontero para el Alcaide de la cárcel de Santiago.

A despecho de las exigencias legales, los jueces no aplican en general la pena prevista por el derecho en vigor, sino que la suavizan y moderan, considerando la diversidad de las circunstancias y del medio americano. Es frecuente que delitos que merecían pena de muerte fueran castigados con destierro, azotes o trabajos en las obras públicas. La jurisprudencia se apoya mucho en consideraciones de orden moral y procura rehabilitar al delincuente dando al mismo, a menudo, admoniciones para el arreglo de la vida.

Ayuda también a suavizar la penalidad en vigencia, el derecho de los delincuentes a asilarse es sagrado, lo que las leyes de Indias reconocen de manera expresa.

En el siglo XVIII se restringe este privilegio. En efecto, la corona dispuso que se excluyera del beneficio del asilo a los salteadores de caminos, a los que maquinaren contra el rey para privarle de todo o parte de sus dominios, a los que se refugiaren en sagrado para eludir el servicio militar y a los homicidas alevosos. Se prohibió el asilo en las iglesias próximas a las cárceles para evitar la huida de los reos. En 1774 el gobernador Jáuregui limitó en Santiago el asilo a los templos de San Isidro y Santa Ana.

Existe una especial benignidad en la aplicación de penas a los indígenas, a la vez que el mayor cuidado en sancionar a los de raza española que abusaren de ellos. Una ley de Felipe II, de 1593, incluida en la recopilación (Ley XXV tít. X Libro VI) ordena que se castigue con mayor rigor a los españoles que cometieren delitos contra los indios, que si los hubieren inferido a españoles.

X. El Derecho Procesal[54]

1° La organización de la justicia

Al ocuparnos de las diversas autoridades con jurisdicción en América, fuesen metropolitanas o territoriales, hemos advertido que varias de ellas ejercían atribuciones de orden judicial. Daremos ahora una visión de conjunto de los Tribunales existentes en Chile, para lo cual comenzaremos por dividirlos en Tribunales Especiales y Tribunales Ordinarios.

2° Tribunales especiales

Cabe señalar entre ellos:

a) Tribunales de Hacienda. Para estos asuntos se instituyó la "Junta de Ordenanza" compuesta por el Presidente, un Oidor, el Fiscal de la Audiencia y el Contador de Cuentas, encargada de pedirlas a toda persona que recibiera algún dinero de la Real hacienda.

b) Tribunales de Minería. En un principio las causas de minería estaban entregadas en primera instancia a los Corregidores o a Alcaldes de Minas, y en segunda a la Audiencia. A partir de las Ordenanzas mineras de Nueva España que se aplican en Chile desde 1787, ejercen funciones judiciales el Administrador general del cuerpo de minería y los diputados de minas elegidos anualmente por los mineros de cada región. Los delitos penados con sanciones corporales se reservan a la justicia ordinaria.

c) Tribunales Militares. En los siglos xvi y xvii actuaba como tribunal el Capitán General asesorado por el Auditor de Guerra. En el siglo xviii intervenían el Capitán General y los Consejos de Guerra.

d) Tribunales del Santo Oficio de la Inquisición. El radicado en Lima tenía jurisdicción en Chile. Aquí existían Comisarios encargados de iniciar las primeras diligencias del proceso.

e) Tribunales de Comercio. En un principio correspondió el conocimiento de estas materias, en primera y segunda instancia, al Tribunal del Consulado de Lima. Aunque en 1708 se autorizó el nombramiento en Chile de un diputado de este Tribunal con la sola facultad de actuar de amigable componedor y sustanciador de los procesos, en la práctica no se aplicó este sistema, sino que los pleitos comerciales se siguieron ante la justicia ordinaria de Chile, con apelación ante la Audiencia.

A partir de 1736 se creó un Diputado del Comercio de Santiago como juez de primera instancia, reservándose las Apelaciones al Consulado limeño, hasta 1767, en que se dispuso que ellas fueran falladas en Santiago por un Oidor, sujetándose a lo prescrito en las Ordenanzas de los Consulados de Lima y de México.

Por cédula de 26 de febrero de 1795 se creó al fin en Santiago el Tribunal del Consulado. Tenía la doble función de Tribunal de Justicia y de Instituto de Fomento Económico. Esta última tarea la realizaba la Junta económica formada por el Prior, dos Cónsules, un Síndico y nueve conciliarios. Como tribunal actuaba compuesto por el Prior y los dos Cónsules. Conocía de todos los pleitos suscitados entre comerciantes por negocios de comercio. La sustanciación de los juicios era verbal y sumaria y se aplicaban como ley de fondo las Ordenanzas de Bilbao y en subsidio las Leyes de Indias y de Castilla. De las sentencias recaídas en pleitos de una cuantía superior a $ 1.000 entraba a conocer el Tribunal de Alzada integrado por el Oidor decano de la Audiencia y dos individuos conocedores en materias comerciales escogidos por el primero entre los nombres propuestos por cada parte.

Fuera de Santiago, y en las ciudades de Valparaíso, Concepción, Coquimbo, Vallenar, Copiapó y Huasco, había un Diputado, el cual se asesoraba de dos expertos en asuntos de comercio para juzgar estas causas en primera instancia.

3° Tribunales ordinarios

Los tribunales ordinarios eran unipersonales o colegiados. Entre los unipersonales hay que recordar a:

a) Los Alcaldes. Que actúan como jueces de única instancia en las causas entre indios, o entre indios y españoles; y en primera instancia en las causas civiles y criminales.

b) El Teniente General. Hasta la creación de la Audiencia en 1609 es el Tribunal más alto en Chile y de él se recurre a la Audiencia de Lima.

c) Los Corregidores. Actúan como jueces en los "partidos" o circunscripciones territoriales a su cargo.

d) Los Intendentes, anteriormente estudiados.

e) Los jueces de comisión. Son funcionarios nombrados por el Cabildo o la Audiencia, para administrar justicia en asuntos determinados o realizar alguna función no contenciosa (v. gr. concurrir a la toma de posesión de las tierras dadas en merced; representar a algún indio en un contrato de trabajo).

Los Tribunales colegiados fueron: a) Los Cabildos, que conocían de las Apelaciones de las sentencias dictadas por sus alcaldes en juicios de cuantía inferior a 60 mil maravedíes; b) La Real Audiencia, que estudiaremos enseguida, y c) El Consejo de Indias, ya analizado en páginas anteriores.

4° La Real Audiencia

Junto a las Atribuciones de gobierno y administración de este cuerpo ya descritas, hay que recordar sus funciones de tribunal, el más alto que residía en el territorio de Chile. Conocía:

1. En primera instancia de los llamados Casos de Corte, civiles y criminales, que se sacaban del territorio donde estaban radicados para reservarse al conocimiento de la Audiencia a través de un Oidor. Eran, entre otros, los juicios contra Corregidores o Alcaldes, los pleitos de viudas, huérfanos y personas miserables.

2. En segunda instancia (grado de vista), de las Apelaciones interpuestas contra las sentencias dictadas por Alcaldes y Corregidores en asuntos civiles superiores a 60.000 maravedíes, y en asuntos criminales.

3. De los recursos de nulidad contra sentencias dictadas con infracción a las formas sustanciales del juicio (p. e. incompetencia del tribunal, cohecho del juez, fallo *ultra petita*, etc).

4. Del recurso de suplicación, llamado así porque no se ejercitaba como derecho, sino que se pedía como merced al Rey o a la Audiencia, como autoridad representativa del mismo, que corrigiera o revocara la primera sentencia, llamada de "vista" por una segunda llamada de "revista". Este recurso no era admisible en causas civiles inferiores a doscientos pesos.

5. Del recurso de fuerza.

Como ya se dijo anteriormente, tocaba al Consejo de Indias conocer del recurso de segunda suplicación.

XI. La cultura jurídica

1° Las casas de estudio

La corona se interesó desde los primeros años de la colonización por la enseñanza. La primera Universidad americana se fundó en 1538 en Santo Domingo por iniciativa de la Iglesia. En 1551 se fundan Universidades reales en Mexico y Perú con cátedras de derecho. En Chile la pobreza del país y la guerra permanente no permiten un paso semejante, a pesar de las gestiones del Obispo de la Imperial, fray Antonio de San Miguel, en 1567, y del Obispo de Santiago, fray Juan Pérez de Espinosa en 1602. La carencia de Universidad estatal fue suplida en Chile por la Santa Sede que concedió en el siglo XVII el rango de Universidades Pontificias a los Colegios de Santo Tomás y Máximo de San Miguel, de los dominicos y jesuitas de Santiago para el estudio de la Teología y Filosofía. Solo en 1738 se creó por Felipe V la Real Universidad de San Felipe, que inauguró sus cursos en 1758.

2° La enseñanza del Derecho[55]

Antes de la apertura de la Universidad de San Felipe no existieron en Chile cátedras especiales de Derecho. En el estudio de la teología practicado en los colegios de los jesuitas y dominicos se tocaron, sin embargo, temas de Derecho Natural y de Gentes y de Derecho Canónico. La existencia de obras sobre estas materias en las bibliotecas de dichos establecimientos acredita el uso o consulta que de ellas se hacía. Pero para el estudio especializado del derecho fue preciso a los chilenos viajar a Lima a fin de realizarlo en su Universidad, lo que ya ocurre con cierta frecuencia en las primeras generaciónes criollas de la segunda mitad del siglo xvi.

La apertura de la Universidad de San Felipe en 1758 permitió regularizar definitivamente en Chile los estudios jurídicos. La enseñanza se impartía en cuatro cátedras: las de Prima de Cánones y de Decreto destinadas al Derecho Canónico, y las de Prima de leyes e Instituta, consagradas al Derecho Romano. Los títulos que se otorgaban eran de Bachiller, Licenciado y Doctor en Cánones y Leyes. En suma, siguiendo la vieja tradición de la Universidad de Salamanca, la enseñanza se concretaba al Derecho Común y aunque ya en el siglo xviii en España se dieron en la Universidad Lecciones de Derecho español, nunca se extendió esta práctica en la Universidad chilena antes de la emancipación.

En 1778 se fundó en Santiago, por iniciativa del Fiscal del crimen, Ambrosio Zerdán y Pontero, la "Academia Carolina de leyes reales y práctica forense". Desde entonces los titulados en la Universidad pasaban a estudiar en la Academia el derecho español y el derecho indiano y a ejercitarse en la práctica de los tribunales. Cumplidos estos requisitos y previo examen ante la Real Audiencia, se recibía de ella el título de Abogado.

3° Las bibliotecas jurídicas[56]

Las obras jurídicas de procedencia española y también italiana, se advierten en numerosas bibliotecas chilenas del periodo indiano. Prescindiendo de las grandes colecciones bibliográficas que tuvieron las residencias de la Compañía de Jesús y la Orden de Santo Domingo, en las que se encuentran los más importantes textos y tratados de Derecho Canónico y Derecho Natural, merece la pena recordar como bibliotecas privadas de relieve la del Licenciado Francisco Ruiz de Berecedo, que inspiró la fundación de la Universidad de San Felipe y reunió más de dos mil volúmenes; la del catedrático de esta casa de estudios, Santiago de Tordesillas y la de su rector Valeriano de Ahumada, todos del siglo XVIII. En ellas se encuentran los textos de la legislación española medieval y moderna con sus correspondientes glosas; los cuerpos de leyes del Derecho romano justiniano y canónico y sus comentaristas y las obras de juristas indianos como Matienzo, León Pinelo, Hevia Bolaño y Solórzano Pereira. Estas colecciones de obras demuestran que la ilustración jurídica en el reino de Chile fue más que suficiente.

I. Concepto general

La denominación de "periodo intermedio" que algunos tratadistas han dado a la época que va desde la revolución emancipadora hasta la dictación del Código Civil –en el afán de buscar analogías con el periodo así nombrado en Francia, que se extiende desde la caída del antiguo régimen a la dictación del código de Napoleón en 1804– resulta inadecuada para singularizar una etapa con caracteres enteramente definidos como fue la que ahora nos ocupa.

En efecto, Chile adquiere entonces su plena autodeterminación política. El soberano unipersonal distante, fuente originaria de la ley, es reemplazado por la comunidad presente, por el pueblo soberano, acogiéndose en las Constituciones políticas la doctrina del pacto social de Rousseau. Las ideas de igualdad política y civil reemplazan al concepto jerárquico hasta entonces dominante. El sistema de la penalidad se morigera por la recepción de las doctrinas de Beccaria. Y la tendencia francesa de la codificación se abre camino hasta triunfar por completo.

En suma, la revolución emancipadora trae consigo la formación del Estado independiente y la creación de un derecho específicamente nacional.

En el derecho político hay que distinguir dos etapas:

1. La época de ensayos constitucionales, que abarca de 1810 a 1833, y

2. La época de organización definitiva de la República que se inicia jurídicamente al promulgarse la Constitución del 25 de mayo de 1833, y alcanza a nuestros días. El desarrollo de ambas épocas ha sido objeto del curso de Historia de las Instituciones Políticas y Sociales de Chile.

En los otros derechos hay que distinguir también dos etapas: la época de formación del Derecho y la época de su codificación, separadas ambas por el año 1857 en que se promulga el Código Civil.

II. La época de formación del Derecho Nacional (1810-1857)

1° Caracteres

El derecho especial para Indias se mantiene en algunas instituciones, como el patronato, la Ordenanza de Intendentes y las Ordenanzas de minería. Pero se altera esencialmente con la introducción del constitucionalismo; la abolición del régimen de protección de los indígenas, que son declarados plenamente capaces, y la nueva reestructuración de la justicia, que importa el reemplazo del Consejo de Indias por el Tribunal Supremo Judiciario, y de la Audiencia por el Tribunal de Apelaciones.

El derecho español continúa rigiendo. Además se dicta una nueva legislación que lo adiciona o corrige.

Paralelamente se trabaja en este periodo por llegar a la codificación del derecho nacional.

2° La enseñanza del Derecho

El movimiento político de 1810 encontró a la Universidad de San Felipe preocupada por introducir una reforma completa de sus planes de estudio. Quiso adelantarse a ella el profesor del Instituto, Bernardo Vera Pintado, que propuso en febrero de 1811 la supresión en esta cátedra de la enseñanza del Derecho Romano y su reemplazo por el estudio del de Castilla, según el texto de Jordán de Asso en uso en España. Reunidos los doctores juristas para pronunciarse al respecto, resolvieron no innovar hasta que se lograra de la corona la aprobación del plan general de reforma en marcha.

Pero la velocidad de los acontecimientos aceleró una reforma total de la enseñanza chilena al margen de España[57].

En una presentación al Congreso el mismo año 1811, encaminada a la fundación de un Instituto Nacional, Camilo Henríquez manifestó que la enseñanza de las "Ciencias Morales o Sociales" debía comprender la Ciencia Social, el Derecho Constitucional, los fundamentos morales de la legislación, la Economía Política, la Historia de las leyes y el Derecho Natural y de Gentes.

Producida definitivamente la fundación del Instituto Nacional en 1813, se redactó un plan de estudios, por su primer Rector, Francisco Echaurren. En él se contemplan, para el curso de derecho, dos cátedras: una de Derecho Natural, de Gentes y Economía Política y otra de Derecho Civil, Canónico y Leyes Patrias. El estudio de cada cátedra abarcaba tres años y el curso de una y otra se impartía en forma sucesiva. La enseñanza del Derecho Natural y de Gentes se hacía por la doctrina del alemán Heineccio, continuador de las teorías del derecho natural racionalista de Puffendorf y cuyo pensamiento había recogido en una obra el español Marín y Mendoza en 1776. La Economía Política se estudiaba por Juan B. Say y Adam Smith; y el Derecho español por las "Instituciones del Derecho Civil de Castilla" de Ignacio Jordán de Asso y Miguel de Manuel.

Dentro del Instituto, la Universidad de San Felipe redujo sus funciones al otorgamiento de los grados de bachiller, licenciado y doctor. Para optar al título de abogado se requería grado de bachiller y examen ante el Tribunal Superior, previo paso de tres años en la Academia de Leyes, que había sido transformada en una sección del Instituto.

El estudio de derecho cobró impulso con la llegada a Chile de José Joaquín de Mora y la fundación que él hace en 1829 del Liceo de Chile, que abarcaba los tres grandes de la enseñanza. Se contemplaba el estudio del derecho en tres años: el primero comprendía el Derecho Natural, de Gentes, Constitucional y Romano; el segundo, el Derecho Patrio, comprendiéndose bajo este rubro las leyes civiles y criminales vigentes y su comparación con las de otras naciones; y el tercero el Derecho Canónico y la Economía Política. Para ayudar al plan de estudios indicado Mora se propuso redactar un "Curso de Derecho" del cual alcanzó a sacar el primer volumen sobre "Derecho Natural y de Gentes", en 1830. Ese año el Liceo fue clausurado.

Por otra parte, la radicación en Chile de Andrés Bello, a partir de 1829, representa también un paso importante en el desarrollo de los estudios jurídicos. En el "Colegio de Santiago", que tuvo a su cargo, regentó una cátedra de "Legislación universal", que comprendía los fundamentos teóricos del Derecho Civil, Penal y Constitucional. Cerrado este colegio en 1831, Bello continuó privadamente en su casa dando lecciones sobre la misma materia y además sobre Derecho de Gentes y Romano.

A partir de 1832 se introduce un nuevo plan de estudios del derecho en el Instituto Nacional. Duraban ellos cinco años y se creaban los cursos de Derecho Romano, Legislación Universal y Bellas Letras. La influencia de Bello en esta reforma fue decisiva.

Al dictarse en 1842 la ley orgánica de la naciente Universidad de Chile, se creó dentro de ella la Facultad de Leyes y Ciencias Políticas, con carácter de academia científica ajena a las tareas docentes. Solo a partir de 1852 la Universidad intervino en la enseñanza con la creación en el Instituto de la llamada Sección Universitaria, que agrupó los estudios profesionales que en ese plantel se realizaban y los puso bajo la tuición de la Universidad.

3° Fuentes jurídicas

Analizaremos separadamente la ley, la costumbre, la jurisprudencia y la equidad.

A. Ley

Hay que distinguir aquí tres tipos de leyes: a) las españolas que tenían vigencia en América al tiempo de producirse la emancipación; b) Algunas dictadas solo para España y que más tarde la República las adoptó para Chile; y c) diversas leyes nuevas dictadas por el Estado Independiente.

a) Leyes españolas vigentes en América

Como norma general puede decirse que sigue en vigor en Chile la legislación castellana aplicable en América al momento de producirse la emancipación, según el orden de prelación existente, salvo en lo que ella se opusiere a las nuevas leyes dictadas por el Estado.

Ya en el proyecto de Constitución de Juan Egaña, redactado en 1811 y publicado en 1813, se dispone que rijan "las leyes corrientes en los puntos en que no se opongan a la Constitución o a las leyes y reglamentos del Gobierno, Censura y Junta".

En el título V de la Constitución de 1818, que trata "de la autoridad judicial", se lee en el artículo 2° que los miembros del Poder Judicial "juzgarán todas las causas por las leyes, cédulas y pragmáticas que hasta aquí han regido, a excepción de las que pugnan con el actual sistema liberal de gobierno. En este caso consultarán con el Senado que proveerá de remedio".

Hay que añadir a lo anterior que no solo se mantuvo la vigencia de las leyes españolas que regían en Chile al producirse la emancipación, sino que se dio aplicación práctica a la Novísima Recopilación que durante Chile indiano la tuvo solo teórica a pesar de encontrarse promulgada en 1805. Asimismo se dispuso por Decreto de 1° de marzo de 1837, comunicado a la Corte Suprema, que todas las leyes de la Nueva Recopilación que no se encontrasen incluidas en la Novísima se considerarían expresamente derogadas.

Además por influencia de Mariano Egaña, se dictó el 28 de abril de 1838 un Decreto con fuerza de ley que dispuso que: "Las leyes de Estilo deben obtener en la nación la misma autoridad que las del Fuero Real de que son apéndice, y como posteriores a estas, guardarse con preferencia cuando hubiere contradicción entre unas y otras".

b) Leyes españolas adoptadas

Conviene recordar que, de acuerdo con la ley 40, título 1°, libro II de la Recopilación de Indias, solo se aplicaban en América las leyes promulgadas para España en el caso de haberse despachado por el Consejo de Indias una cédula especial que ordenase guardarlas en estas provincias.

Pues bien, hubo casos durante el periodo republicano en que vino a darse aplicación en Chile a leyes peninsulares que en los tiempos de la dominación española no la tuvieron por falta del requisito indicado, o por haberse dictado después de producida la independencia. Así, por un Senado-consulto de 7 de junio de 1820 se dio vigencia en Chile a las reales órdenes de 6 de julio y 20 de octubre de 1815, que extendieron a los comerciantes extranjeros establecidos en España la obligación de las contribuciones que pesaban sobre los nacionales, a menos que fuesen transeúntes.

c) Leyes nuevas

Numerosas son las dictadas por la República en este periodo.

a) Derecho administrativo

En 1817 se promulgó en carácter de provisorio un "Plan de Hacienda y Administración", que constituye un primer esbozo de código de régimen interior y estatuto administrativo, sin perjuicio de mantener en lo esencial la Ordenanza de Intendentes de los Borbones. Ya como definitivo, O'Higgins dicta en 1821 un Reglamento adicional a esta Ordenanza, en que regula las Atribuciones administrativas y judiciales de los Intendentes. Las leyes federales de 1826 dividieron el país en ocho provincias, cada una con asambleas provinciales y un Intendente elegido por las municipalidades. Este sistema quedó definitivamente derogado a partir de la Constitución de 1833. Bajo el gobierno de Bulnes se promulga en 1844 la Ley de régimen interior que deroga la Ordenanza española de Intendentes y que rige hasta 1885. Ella establece las Atribuciones de los Intendentes, Gobernadores, Subdelegados e Inspectores creados por la Constitución de 1833.

b) Derecho Procesal

Al abolirse en 1811 la Real Audiencia se instituyó en el lugar su Tribunal de Apelaciones y el mismo año el Supremo Tribunal Judiciario en reemplazo del Consejo de Indias. La constitución de 1818 confirmó este sistema, llamando respectivamente a los nuevos organismos Cámara de Apelaciones y Tribunal Supremo de Justicia. Como derivación de la Constitución de 1823 se dictó en 1824 un Reglamento de Administración de Justicia, obra de Mariano Egaña, que organiza y jerarquiza los tribunales. Rigió hasta la ley orgánica de tribunales de 1875.

El citado reglamento de Egaña clasificó además los juicios y definió los procedimientos y recursos. El jurista Manuel Joaquín Valdivieso redactó un Reglamento de sustanciación de los juicios criminales que fue promulgado en 1826.

De singular importancia fueron las llamadas "Leyes marianas" por su autor Mariano Egaña, que se promulgaron en calidad de Decretos con fuerza de ley por el gobierno de Prieto, aprovechando el régimen de facultades extraordinarias vigente durante la guerra contra la Confederación Perú-boliviana. Fueron principalmente las siguiente:

1. Decreto de 2 de febrero de 1837, sobre fundamentación de las sentencias, que vino a revocar una disposición vigente de 1778. Dispone textualmente que: "Toda sentencia se fundará breve y sencillamente. El fundamento se reducirá solo a establecer la cuestión de derecho o hecho sobre que recae la sentencia y a hacer referencía de las leyes que les sean aplicables sin comentarios ni otras explicaciones".

La Corte Suprema, por nota de 11 de febrero de ese año, elevó al Gobierno un largo cuestionario acerca de la forma de dar aplicación al mencionado Decreto. El gobierno envió dicha nota en vista al Fiscal de la Corte Suprema, Mariano Egaña, que expidió un detallado informe que por Decreto de 1° de marzo el Ejecutivo hizo suyo y transcribió a la Corte Suprema.

2. Decreto de 2 de febrero de 1837 sobre las implicancias y recusaciones de los jueces. Estuvo vigente en cuanto al procedimiento hasta la promulgación del Código de Procedimiento Civil en 1902 y del Código de Procedimiento Penal en 1906; y en

cuanto a las causales mismas hasta entrar en vigencia la Ley orgánica de Tribunales de 1875.

3. Decreto de 8 de febrero de 1837 sobre juicio ejecutivo.

4. Decreto de 1° de marzo de 1837 sobre recurso de nulidad. Rigió hasta dictarse el Código de Procedimiento Civil, en el que el recurso de nulidad se convierte en recurso de casación en la forma[58].

c) Derecho Penal

En 1817 se dictó una ley que condenaba con pena de muerte y azotes a los ladrones.

El Congreso Constituyente de 1823 declaró subsistentes las penas de la legislación española a excepción de la infamia y la confiscación. Una ley de 1850 sustituyó la pena de azotes por prisión. Pero dos años después fue ella derogada y se restableció la pena de azotes.

La equidad tuvo importancia especial para moderar las penas vigentes, como se dirá más adelante.

d) Derecho privado

O'Higgins decretó el 17 de septiembre de 1817 la abolición de los títulos y escudos nobiliarios. Un senado consulto de mayo de 1819 otorgó la plena capacidad jurídica a los indios y abolió el régimen de protección. Otro senado consulto de septiembre de 1820 dispuso que si el padre niega el consentimiento para contraer matrimonio, un consejo de familia presidido por un juez calificará los fundamentos de la negativa y podrá resolver lo que estime conveniente. Bajo Freire se promulga la ley que abolió totalmente la esclavitud (24-VII-1823).

En el gobierno de Prieto se fija la tasa legal del interés (Ley 14-IX-1832); se reglamenta la propiedad literaria (24-VII-1834); se determina el sistema de sucesión de los extranjeros domiciliados o transeúntes (25-VII-1834); y se prescriben por un decreto las normas de expropiación por causa de utilidad pública.

Durante Bulnes, por ley de 6-IX-1844, se concede valor legal de matrimonio al celebrado por los disidentes en presencia de dos testigos y del párroco del domicilio respectivo, que actúa como ministro de fe y anota la partida en un registro especial. El 31 de octubre de 1845 se dictó la ley de prelación de créditos.

En la presidencia de Montt se dicto la ley de exvinculación de mayorazgos (14-VII-1852), que fijó a los propietarios de bienes sujetos a este régimen el plazo de seis años para transformar la institución en censo.

B. Costumbre

En el decreto del 1° de marzo de 1837 que vino a reglamentar la fundamentación de las sentencias, se recuerda que en conformidad con la ley 63 título 2°. Partida I, la costumbre tiene fuerza de ley, y que en los casos que falta esta, debe juzgarse como ha sido costumbre en circunstancias análogas.

C. Jurisprudencia

El citado Decreto reglamentador de las sentencias prohíbe expresamente que se citen las leyes del derecho romano, a falta de las vigentes, aduciendo en favor de esta actitud lo dispuesto en la Nueva y Novísima Recopilación. Asimismo, prohibe, de acuerdo con las Partidas, citar opiniones de jurisconsultos o sentencias de tribunales, admitiendo solo invocar "los principios generales del derecho o razones que movieron antes a aquellos tribunales a fallar del modo que lo hicieron, o a los autores a opinar como opinaron".

D. Equidad

Tiene particular importancia tratándose del Derecho Penal. El mencionado decreto sobre fundamentación de sentencias dispone que mientras se promulgue el Código Penal, dicten los jueces sentencia con arreglo a la ley vigente, "pero que cuando encontraren que esta es excesivamente dura y que por la misma razón no se halla en uso, aun cuando ha ocurrido otras veces el delito a que es aplicable, tengan la facultad discrecional de añadir a la sentencia la cláusula siguiente: "Y teniendo en consideración el Tribunal que esta ley no se halla en uso por su excesivo rigor, suspéndese la ejecución, ínterin se hace presente al Presidente de la República que este Tribunal encuentra que sería conforme a equidad conmutar la pena arriba decretada conforme a la ley, en tal otra".

Una primera e inmediata aplicación de este sistema tuvo lugar pocos días después de dictado el Decreto al pedir a la Corte Suprema que a un condenado por parricidio se le conmutara por fusilamiento la pena en desuso dispuesta para este delito por las Partidas (doscientos azotes y, enseguida, muerte, metiéndole en un saco de cuero con un perro, un gallo, una culebra y un simio, y echándolo al mar). Por Decreto de 7 de marzo de 1837 se conmutó la pena de la forma propuesta, dándole a esta resolución el carácter permanente y dejando así sin efecto la ley 12, título 8 de la Partida VII, que sancionaba el delito de parricidio en la forma ya indicada.

III. La etapa de la codificación

1° El Código Civil[69]

a) Los pasos iniciales

Mientras se mantenía, como ya se ha dicho, la vigencia de la legislación española y se la adicionaba y corregía, se abordó simultáneamente la codificación del derecho nacional.

La actitud en este último punto no fue siempre la misma. En algún momento se llegó a hablar de la adopción lisa y llana del Código de Napoleón (Mensaje de O'Higgins a la Convención 23-VII-1822). En otros casos se pensó en emprender una recopilación ordenada de las leyes expedidas desde el comienzo de la revolución de la independencia (moción del diputado José Alejo de Eyzaguirre, 17-XI-1823; Decreto del Director Supremo Freire, 2-VII-1823). Hubo asimismo quienes pensaron en conservar los cuerpos legales españoles, reduciendo y simplificando su texto (moción del diputado Santiago Muñoz Bezanilla, 29-VII-1826; moción del diputado Gabriel José Tocornal, X-1831). Primó al fin la idea de ir a la formación de códigos nacionales.

En nota dirigida al Senado el 8 de julio de 1831 por el Vicepresidente de la República Fernando Errázuriz y el Ministro Diego Portales, se sugiere la idea de encomendar por medio de una ley a una persona la redacción del proyecto de códigos nacionales. El Senado pidió al respecto algunas aclaraciones al Ejecutivo. La respuesta de Errázuriz, de 2 de agosto del mismo año, manifiesta que no ha de emprenderse una compilación de las leyes actuales de Castilla e Indias, en desacuerdo con las exigencias de la hora, sino acercarse a "los códigos que rigen en los pueblos más ilustrados de Europa", entregándose esta tarea a un solo individuo para que haya uniformidad en la obra.

No se avanzó, sin embargo, más allá, porque hubo en el Congreso discrepancias y la atención se concretó por entonces a la reforma constitucionál.

b) La preparación del Código Civil

Una ley de 10 de septiembre de 1840 vino a crear una "Comisión de Legislación", integrada por dos senadores y tres diputados, encargados de codificar las leyes civiles y de dar cuenta anualmente al Congreso del estado de sus trabajos. Fueron designados miembros de ella en representación del Senado, Andrés Bello y Mariano Egaña, y de la Cámara de Diputados, Manuel Montt, Ramón Luis Irarrázaval y Juan Manuel Cobo. La comisión inició sus labores con el estudio del libro sobre la sucesión por causa de muerte que ya tenía redactado Bello.

De acuerdo con la ley de 1840 los proyectos de la Comisión de Legislación debían someterse al estudio de ambas Cámaras. Para evitar las dilaciones que originaría este trámite, se resolvió por ley de 29 de octubre de 1841 crear una Junta revisora compuesta de dos senadores y tres diputados para examinar los títulos propuestos al Congreso por la Comisión. Pero la Junta solo funcionó un tiempo y al fin por ley de 17 de julio de 1845, iniciada en el Senado por Bello, se refundieron la Junta y la Comisión para no retardar más los trabajos.

En 1846 la Comisión de legislación publicó el proyecto del libro de la sucesión por causa de muerte y en 1847 el proyecto del libro de los contratos. La Comisión fue reuniéndose cada vez menos, hasta que de hecho dejó de actuar en 1849. Andrés Bello prosiguió entonces solo el trabajo y antes de expirar el año 1852 presentó al Gobierno un proyecto completo de Código que se publicó en los primeros meses del año siguiente.

El Gobierno nombró una Junta para revisar este trabajo, la cual se reunió presidida por el Presidente de la República Manuel Montt más de trescientas veces. Bello mismo introdujo allí modificaciones a su proyecto y redactó e intercaló adecuadamente en su texto otras que se sugirieron y aprobaron por la Junta, después de tomarse en cuenta no solo los estudios particulares de sus miembros, sino también las observaciones al proyecto de código que habían hecho llegar algunas Cortes de Apelaciones. Concluido el trabajo, fue presentado a las Cámaras el 22 de noviembre de 1855 y aprobado sin modificaciones. El nuevo Código entró en vigencia a partir del 1° de enero de 1857 y su aparición inicia el segundo periodo de la historia del Derecho Nacional: el de la época del derecho codificado.

c) Las fuentes del Código

Las fuentes principales que empleó Bello en su trabajo fueron:

a) El derecho romano de Justiniano y las obras de algunos romanistas como Arnoldo Vinnio y Savigny;

b) El derecho español de las Partidas, con las glosas de Gregorio López; del Fuero Real y de la Novísima Recopilación los textos sistematizadores de la legislación española vigente (denominados "Febreros") de Florencio García Goyena y Eugenio de Tapia; el proyecto de Código Civil español de 1851 del citado García Goyena; obras filosóficas como el tratado *De justicia et jure* de Luis de Molina (1592); y trabajos especiales de juristas, como los comentarios de Juan de Matienzo a la Nueva Recopilación (1580), *De tutelis et curis minorum*, de Juan Gutiérrez (1606), la *Curia Philipica* de Juan de Hevia Bolaños (1603) y el "Diccionario razonado de legislación y jurisprudencia" de Joaquín Escriche (1831);

c) El derecho civil francés del Código de Napoleón, junto con las obras de los tratadistas Delvincour (1824), Rogrón (1834), Pothier y Merlin;

d) El derecho canónico y, en especial, las "Instituciones del Derecho canónico americano" del chileno Justo Donoso;

e) Los códigos civiles de Austria, Prusia, Luisiana, dos Sicilias y Cerdeña, este último con el comentario de Portalis (1844).

En términos generales, se puede decir que Bello se apoyó de preferencia en la legislación española, adaptando sus normas a la nueva técnica moderna de la codificación, eliminando lo vetusto y creando a la vez nuevas instituciones conforme a las necesidades de los tiempos. El derecho romano, fuente base de Las Partidas y del Código francés, fue su línea matriz. Su empeño en que se siguiera estudiando, aun después de promulgado el Código chileno, indica una vez más que para él servía al último como la mejor interpretación.

2° El Código de Comercio[60]

Desde 1846 se nombró sucesivamente a dos comisiones para estudiar la adaptación del Código de Comercio español, sin resultado práctico. La designación, por decreto de 1852, del doctor José Gabriel Ocampo, jurista nacido en Argentina, para realizar la elaboración del nuevo Código, al fin surtió efecto.

Ocampo elaboró su proyecto sobre la base principal del Código de Comercio español de 1829, del Código de Comercio francés de 1807 y de las Ordenanzas de Bilbao. Para el conocimiento de los demás códigos mercantiles vigentes en Europa, consultó la obra de Antoine de Saint-Joseph: *Concordance entre les Codes de Commerce strangers et le Code de Commerce français* (París, 1844). Asimismo, Ocampo tuvo a la vista los mejores comentaristas franceses y españoles.

En 1854 se promulgó anticipadamente el título de las Sociedades anónimas, y el 23 de septiembre de 1865 el Código de comercio íntegro.

3° El Código Penal[61]

Desde 1846 diversas comisiones fueron encargadas de preparar el Código, pero la que en definitiva operó fue la designada en enero de 1870. El decreto que la constituyó había indicado que se tomase como base el Código belga, pero en la práctica la comisión se ciñó fundamentalmente al Código español de 1848, por guardar más afinidad con la tradición penalista de Chile. El principal redactor del mismo, el jurista Joaquín Francisco Pacheco había asimilado las corrientes penalistas humanitarias que se remontaban al pensador italiano César Beccaria del siglo VIII. La comisión utilizó como guía la obra del mismo Pacheco: *El código penal concordado y comentado.*

Después de un prolongado debate en el Congreso en torno a las disposiciones que afectaban a la Iglesia, el Código penal entró en vigencia el 1° de marzo de 1875.

4° El Código de Minería

Como en los casos anteriores, los esfuerzos emprendidos a partir de 1846 para reestructurar el derecho minero no prosperaron. Al fin, uno de los miembros de la comisión encargada de elaborar el proyecto, José María Cabezón, dio cima a esta tarea en 1871. El proyecto pasó en estudio a una comisión y fue promulgado el 18 de noviembre de 1874.

El Código limitó de preferencia la propiedad minera a los yacimientos de oro, plata y cobre y dejó al dueño del suelo el dominio de las restantes sustancias. Además el sistema de constitución de la propiedad minera consagrado por las Ordenanzas de Nueva España sobre la base de la manifestación y mensura fue alterado. Después de la manifestación y sin intervención de autoridad alguna, se alinderaba provisoriamente la pertenencia, constituyéndose así lo que se llamó el "título provisorio".

La duración de este Código de minería fue corta. Tomando como punto de partida un proyecto de reforma enviado al gobierno por la Sociedad Nacional de Minería, se llegó, después de diversos estudios y discusiones parlamentarias, a la dictación de un nuevo Código, que fue promulgado el 20 de diciembre de 1888. En su elaboración correspondió decidida participación a Francisco Gandarillas, diputado y secretario de la Sociedad Nacional de Minería.

El nuevo Código amplió considerablemente el número de sustancias de libre adquisición por los particulares. Además reemplazó el sistema de amparo de la propiedad minera por el trabajo, por el pago de una patente.

El citado Código rigió hasta 1930 en que fue reemplazado por un tercero que apenas alcanzó vigencia hasta 1932. El cuarto Código que empezó a ampliarse desde este año volvió al sistema de las Ordenanzas de Nueva España en la constitución de la propiedad minera por medio de la manifestación y la mensura, y mantuvo el amparo por el pago de la patente.

Puede decirse, en términos generales, que los diversos códigos han mantenido en su base la línea doctrinal de la antigua legislación minera indiana y española.

5° La codificación procesal

La compleja legislación procesal vigente movió a juristas particulares a elaborar recopilaciones y comentarios de textos legales para facilitar su uso a abogados y jueces. Ya a fines del siglo xviii Francisco Gutiérrez de Escobar, jurista de Charcos había redactado un manual de práctica forense llamado vulgarmente el "Cuadernillo de Gutiérrez". Corrió largo tiempo manuscrito y fue impreso en Chuquisaca en 1830 y luego en Santiago en 1836 y 1840[62].

A este trabajo sucedió, a partir de 1844, el "Prontuario de juicios" de Bernardino A. Vila, que pronto quedó superado por una obra de mayor envergadura debida al profesor de práctica forense José Bernardo Lira. Fue su nombre: *Prontuario de los juicios o tratado de procedimientos judiciales y administrativos con arreglo a la legislación chilena* y su primera edición apareció en 1867. Constituyó una útil ordenación de las variadas disposiciones procesales vigentes que iban desde las normas de las Partidas y autos acordados de la Audiencia, hasta las Leyes marianas y los autos acordados de la Corte Suprema. En realidad era un verdadero código procesal y solo vino a perder su utilidad con la promulgación en 1902 del Código de Procedimiento Civil, iniciado en un proyecto de Francisco Vargas Fontecilla y del Código de Procedimiento Penal en 1904, formado por Manuel Egidio Ballesteros.

El mismo Vargas Fontecilla había redactado la *Ley de organización y Atribuciones a los tribunales* que se promulgó en 1875 y tuvo numerosas modificaciones hasta la dictación definitiva del Código Orgánico de Tribunales, de 15 de junio de 1943.

6° El Código del Trabajo

Las normas protectoras del trabajo contenidas en la legislación de Indias quedaron automáticamente sin efecto en Chile a partir del decreto de 1819 que concedió la plena capacidad jurídica a los indígenas. Apenas en el Código Civil se contemplaron algunas disposiciones sobre el contrato de arrendamiento de servicios, y otras en los Códigos de Comercio y Minería. La ausencia de una reglamentación especial del mundo del trabajo, característica del espíritu individualista que dominó en el siglo xix, vino a hacer sentir sus graves efectos en Chile al finalizar la centuria y comenzar la siguiente. Entonces el desarrollo de la industria en las ciudades de Santiago y Valparaíso, y particularmente en las provincias de Tarapacá y Antofagasta, sede de las grandes plantas salitreras, originó violentas huelgas obreras.

La primera ley social del siglo XX fue dictada en 1906 y se refirió a habitaciones obreras. En 1919 se presentó un proyecto de Código del trabajo por la representación parlamentaria conservadora. Su principal redactor fue Juan Enrique Concha. El proyecto quedó en estudio en las comisiones del Congreso y a él se añadió otro enviado en 1921 por el gobierno del presidente Arturo Alessandri. Ni uno ni otro alcanzaron su despacho; pero a raíz del movimiento militar de 1924 el Congreso se vio obligado a despachar sin debate y como leyes sueltas diversos títulos de los anteriores proyectos, referentes a contratos de trabajo, sindicatos, tribunales de conciliación y arbitraje, cooperativas y seguro obligatorio.

La precipitación con que salieron despachadas dichas leyes, inspiradas en su mayor parte en normas extranjeras extrañas a las circunstancias del país, produjo frecuentes dificultades en su aplicación. En 1931 se refundieron y modificaron dichas leyes dictándose por fin el Código del Trabajo.

IV. La literatura jurídica en el siglo XIX[63]

La influencia de las obras jurídicas europeas se proyecta a lo largo del siglo XIX tanto en la enseñanza como en la redacción de estudios de autores nacionales.

El Derecho romano, del cual fue cultor Andrés Bello, se enseñó por este en sus clases privadas por medio de una obra que dictó a sus alumnos. El texto era una adaptación de la traducción española de las *Instituciones del Derecho romano* de Juan Teófilo Heineccio, aparecida en Alemania en 1727; y vino a publicarse sin nombre de autor en Santiago, en 1843, por iniciativa del catedrático de Derecho romano del Instituto Nacional, Miguel María Güemes.

Bello, que se había formado largamente en Londres, dio a las prensas en 1832, con sus iniciales, unos *Principios de Derecho de Gentes* en que se seguía de cerca al internacionalista suizo Vattel. Esta obra, ampliada y perfeccionada, tuvo una nueva edición en 1844 que Bello firmó con su nombre y que ahora tituló *Principios de Derecho Internacional.* Fue la primera publicación de categoría sobre esta rama del derecho aparecida en América y tuvo resonancia aun fuera de ella. Sus planteamientos más importantes se refirieron a la guerra y al comercio.

Justo Donoso, que fue Obispo de Ancud y luego de La Serena, publicó en 1848 unas *Instituciones de Derecho canónico americano* de amplia utilización docente y abogadil. Bello las tuvo a la vista al confeccionar el Código Civil.

José Victorino Lastarria fue el primer tratadista chileno de Derecho Constitucional. En 1846 dio a luz sus *Elementos de Derecho Público* en que se pronuncia en favor de la descentralización del poder y del afianzamiento del municipio.

En la *Historia constitucional de medio siglo*, aparecida en 1853, Lastarria señala a los pueblos anglosajones como ejemplo de la democracia y se pronuncia con hostilidad frente al "despotismo del pasado" que, según él, perdura después de la independencia. Esta obra es de escasa originalidad y constituye una adaptación del *Tableau de l'histoire générale de l'Europe depuis 1814 jusqu'en 1830*, publicado en Bruselas en 1835 por Edouard Alletz.

En 1856 Lastarria publicó *La Constitución política de la República de Chile comentada*; y en 1874 sus *Lecciones de política positiva*, que aunque llevó este título no se inspiraron en la observación de la realidad chilena sino en la obra de Bluntschli: *Die politik als Wissenchaft*.

De más originalidad y realismo fue *La Constitución ante el Congreso* que dio a luz el profesor Jorge Huneeus en 1879.

BIBLIOGRAFÍA FUNDAMENTAL

Siglas: AHDE = *Anuario de Historia del Derecho español*. Madrid.
CHE = *Cuadernos de Historia de España*. Buenos Aires.

1 RAFAEL ALTAMIRA: *Historia del derecho español. Cuestiones preliminares* (Madrid, 1903). RAFAEL ALTAMIRA: *Cuestiones de Historia del Derecho y de legislación comparada* (Madrid, 1914).

2 ALFONSO GARCÍA GALLO: *Hinojosa y su obra* (En "Eduardo de Hinojosa: Obras", tomo I. Madrid, 1948).

3 Obras generales de Historia de España: RAFAEL ALTAMIRA: *Historia de España y de la civilización española* (4 vol. Madrid, 1909 y sig.). RAMÓN MENÉNDEZ PIDAL: *Historia de España* (Madrid. En publicación). LUIS G. DE VALDEAVELLANO: *Historia de España* (i de los Orígenes a la baja Edad Media, Madrid, 1955).

Obras básicas de Historia del Derecho español: ALFONSO GARCÍA GALLO: *Curso de Historia del Derecho español.* (Madrid, 1947). ALFONSO GARCÍA GALLO: *Manual de Historia del Derecho* (Madrid, 1959).

4 RAMÓN MENÉNDEZ PIDAL: *Historia de España*, II, *España Romana* (Madrid, 1935). MAX KASER: *El Derecho romano vulgar* (AHDE, XXX).

5 M. TROPLONG: *La influencia del Cristianismo en el Derecho Civil romano* (Buenos Aires, 1947).

HEINRICH BRUNNER: *Historia del Derecho Germánico* (Barcelona, 1936).

6 RAMÓN MENÉNDEZ PIDAL: *Historia de España* III, *España Visigoda* (Madrid, 1940). MANUEL TORRES: *El Estado visigótico* (AHDE, III *Madrid,* 1926). EDUARDO DE HINOJOSA: *El elemento germánico en el Derecho español* (Madrid, 1915).

ALFONSO GARCÍA GALLO: *Nacionalidad y territorialidad en el Derecho de la época visigoda* (AHDE, XIII, Madrid, 1936-41). ÁLVARO D'ORS: *La territorialidad del Derecho de los visigodos* (En *Estudios visigóticos,* I, *Cuadernos del Instituto Jurídico Español.* Roma-Madrid, 1956). San Isidoro de Sevilla: *Las Etimologías* (Madrid, 1951).

7 Ramón Menéndez Pidal: *Historia de España,* VI *España Cristiana* (711-1038) (Santiago, 1956). Justo Pérez de Urbel: *Historia del Condado de Castilla* (Madrid, 1945). Ramón Menéndez Pidal: *La España del Cid* (Buenos Aires, 1939). Ramón Menéndez Pidal: *El imperio hispánico y loy cinco reinos* (Madrid, 1950). Alfonso Sánchez Candeira: *El Regnum Imperium leonés hasta 1037* (Consejo Superior de Investigaciones Científicas. Escuela de Estudios Medievales. Madrid, 1951).

8 Ignacio de La Concha: *La presura* (Madrid, 1946). Claudio Sánchez-Albornoz: *En torno a los orígenes del feudalismo* (Mendoza, 1942). *Ídem: Alfonso* III *y el particularismo castellano* (Buenos Aires, 1950). *Ídem: Sensibilidad política, del pueblo castellano en la Edad Media* (Buenos Aires, 1948). Luis G. De Valdeavellano: *El prestimonio* (AHDE, XXV, 1955). Alfonso García Gallo: *Las instituciones sociales en España en la Alta Edad Media, Siglos* VIII-XII (Madrid, 1945). Irene Arias: *La Carta Magna leonesa* CHE, IX, 1948). Nilda Guglielmi: *La Cuna Regia de León y Castilla* (CHE, XXIII-XXIV, 1955; XVIII (1958). Manuel Vallecillo Ávila: *Los judíos de Castilla en la Alta Edad Media* (CHE, XIV, 1950).

José Maldonado: *Las relaciones entre el Derecho canónico y el Derecho secular de los Concilios españoles del siglo* XI (AHDE, XIV, 1942). A. García Gallo: *El Concilio de Coyanza* (AHDE, XX, 1950).

9 T. Muñoz Romero: *Colección de fueros municipales y cartas pueblas de los reinos de Castilla, León, corona de Aragón y Navarra* (Madrid 1847). L. Vázquez De Parga: *El fuero de León* (AHDE, XV, 1944). R. Ureña: *El fuero de Cuenca* (Madrid, 1935). Francisco Martínez Marina: *Ensayo histórico crítico sobre la legislación y principales cuerpos legales de los reinos de León y Castilla* (Madrid, 1845) Galo Sánchez: *Derecho territorial castellano* (AHDE., VI, 1929) Alfonso García Gallo: *Aportación al estudio de los fueros* (AHDE, XXVI, 1956). *Ídem: El carácter germánico de la época y del derecho de la Edad media española.* (AHDE, XXV, 1955). Manuel

SALVAT: *Factores que determinan la capacidad civil en el derecho castellano-leonés alto medieval (Revista chilena de Historia del Derecho,* Nº 2; Santiago, 1961). J. ORLANDIS: *Sobre el concepto de delito en el Derecho en la alta Edad Media* (AHDE, XVI, 1945). *Ídem*: *Las consecuencias del delito en el Derecho de la Alta Edad Media* (AHDE, XVIII, 1947). *Ídem*: *La paz de la casa en el Derecho español de la alta Edad Media* (AHDE, XV, 1944). *Ídem.*: *Huellas visigóticas en el Derecho de la Alta Edad Media.* (AHDE, XV, 1944). JUAN GARCÍA GONZÁLEZ: *Traición y alevosia en la Alta Edad Media.* (AHDE, XXXII, 1962). JOSÉ LÓPEZ ORTIZ: *El proccso en los reinos cristianos de nuestra Reconquista* (AHDE, XIV, 1942-43). JOAQUÍN CERDA: *En torno a la pesquisa y procedimiento inquisitivo en el Derecho castellano-leonés de la Edad Media* (AHDE, XXXII, 1962). ALFONSO OTERO VARELA: *Dos estudios histórico-jurídicos:* 1. *El riepto en el Derecho castellano-leonés (Cuadernos del Institute Jurídico español.* Roma-Madrid, 1955).

10 ANTONIO BELLESTEROS BERETTA: *Alfonso* X *el Sabio* (Consejo Superior de Investigaciones Científicas. Barcelona, 1963). RAMÓN MENÉNDEZ PIDAL: *Historia de España.* XIV *España Cristiana. Crisis de la Reconquista. Luchas Civiles* (Madrid, 1966); XV *Los Trastámara de Castilla y Aragón en el siglo* XV (Madrid, 1964).

11 AMADOR DE LO RÍOS: *Historia social, política y religiosa de los judíos de España y Portugal* (Madrid, 1875). JULIO KLEIN: *La Mesta* (Madrid, 1936). FRANCISCO MARTÍNEZ MARINA: *Teoría de las Cortes o grandes juntas nacionales de los reinos de León y Castilla* (Madrid, 1813). MANUEL COLMEIRO: *Cortes de los antiguos reinos de León y Castilla* (Madrid, 1883-1884). JUAN BENEYTO: *Textos políticos de la baja Edad Media Española* (Madrid, 1944).

12 ROMAN RIAZA: *Las Partidas y los Libri Feudorum* (AHDE X, 1933). J. MALDONADO: *Sobre la relación entre el derecho de las Decretales y el de las Partidas en materia matrimonial* (AHDE., *XV,* 1944). ALFONSO GARCÍA GALLO: *El libro de las Leyes de Alfonso el Sabio* (AHDE, XX, 1951). JOAQUÍN CERDA: *La Margarita de los pleitos de Fernando Martínez de Zamora* (AHDE, XX, 1950). GALO SÁNCHEZ: *El Ordenamiento de Alcalá y sus fuentes* (Revista de Derecho Privado,

1922). JUAN BENEYTO: *En torno a los autores del Ordenamiento de Alcalá* (CHE, XIII, 1950).

13 D. DE VALERA: *Crónica de los Reyes Católicos* (Madrid, 1927). WILLIAM THOMAS WALSH: *Isabel de España* (Santiago de Chile, 1945). RAMÓN MENÉNDEZ PIDAL: *Historia de España,* XVIII,, CARLOS V; *Ídem.* XIX, vol. I y II, Felipe II. GREGORIO MARAÑÓN: *E Conde-Duque de Olivares* (Madrid, 1945). GABRIEL MAURA GAMAZO: *Carlos* II *y su corte* (Madrid, 1911).

14 ALFONSO MARÍA GUILARTE. *El régimen en el siglo* XVI (Madrid, 1962) JULIO CARO BAROJA: *Los judíos en la España moderna y contemporánea* (Madrid, 1962). E. BERNARDINO LLORCA: *La inquisición en España* (Madrid, 1946). FRANCISCO TOMÁS VALIENTE: *Los validos en la monarquía española del siglo* XVII (Madrid, 1963)).

15 ALOIS DEMPF: *La filosofía Cristiana del Estado en España* (Madrid, 1961). E. BULLON: *La teoría del Estado según Francisco de Vitoria* (Madrid, 1946). SALVADOR LISSARRAGUE: *La teoría del poder en Francisco de Vitoria* (Madrid, 1947). P. MATEO LANSEROS: *La autoridad civil en Francisco Suárez* (Madrid, 1949). IGNACIO GÓMEZ ROBLEDO: *El origen del poder político según Francisco Suárez* (México, 1948). EDUARDO DE HINOJOSA: *Influencia que tuvieron en el Derecho público de su patria y singularmente en el Derecho penal los filósofos y teólogos españoles anteriores a nuestro siglo* (En "Obras" I; Madrid, 1948). J. A. MARAVALL: *La teoría española del Estado en el siglo* XVII (Madrid, 1944). LUIS GARCÍA ARIAS: *Historia de la doctrina hispánica de Derecho Internacional* (Adición a "Historia del Derecho Internacional" de Arthur Nussbaum. Madrid, 1950).

16 PÍO ZAVALA: *España bajo los Borbones* (Colección Labor). LUIS SÁNCHEZ AGESTA: *El pensamiento político del Despotismo ilustrado* (Madrid, 1953). JEAN SARRAILH: *La España ilustrada de la segunda mitad del siglo* XVIII (México, 1957). VICENTE RODRÍGUEZ CASADO: *La política y los partidos en el reinado de Carlos* III (Madrid, 1962). VICENTE PALACIO ATARD: *Los españoles de la Ilustración* (Madrid, 1964). RICARDO KREBS: *El pensamiento histórico, político y económico del Conde de Campomanes* (Ediciones de la Universidad de Chile, 1960). VICENTE PALACIO ATARD: *Fin*

de la sociedad española del Antiguo Régimen (Madrid, 1952). CARLOS CORONA BARATECH: *Las ideas políticas en el reinado de Carlos* IV (Madrid, 1954). PATRICK PEÑALVER: *Modernidad tradicional en el pensamiento de Jovellanos* (Sevilla, 1953).

17 SILVIO ZAVALA: *Las instituciones jurídicas en la conquista de América* (Madrid, 1953).

18 NÉSTOR MEZA VILLALOBOS: *Formas y motivos de las empresas españolas en América y Oceanía. Su esencia económico-cultural* (En "Boletín de la Academia Chilena de la Historia", Nº 7, 1936).

19 LEWIS HANKE: *La lucha por la justicia en la conquista de América* Buenos Aires, 1949. RAMÓN MENÉNDES PIDAL: *El Padre Las Casas. Su doble personalidad.* (Madrid, 1963).

20 ALFONSO GARCÍA GALLO: *El Derecho Común ante el Nuevo Mundo.* ("Revista de Estudios Políticos" Nº 80. Madrid, 1955).

21 MANUEL GIMÉNEZ FERNÁNDEZ: *Las bulas alejandrinas de 1493 referentes a las Indias* (Sevilla, 1944). *Ídem*: *Algo más sobre las bulas alejandrinas de 1493 referentes a las Indias* (AEA. Nº 1. Sevilla, 1944). *Ídem*: *Nada más sobre las Letras alejandrinas de 1493 referentes a las Indias* (En "Anales de la Universidad Hispalense". Sevilla Nº 2, 1955). LUIS WECKMANN: *Las Bulas alejandrinas de 1493 y la teoría política del papado medieval* (México, 1949). ALFONSO GARCÍA GALLO: *Las bulas de Alejandro* VI *y el ordenamiento jurídico de la expansión portuguesa y castellana en África y América* (AHDE, XXVII-XXVIII, 1957-58).

22 ANTONIO MURO OREJÓN: *Ordenanzas reales sobre los indios (Las leyes de 1512-1523)*, (AEA. XIII, 1956, Hanke, obra citada en nota 19.

23 D. VENANCIO CARRO: *La teología y los teólogos-juristas españoles ante la conquista de América* (Madrid, 1944). ALBERTO DE LA HERA: *El derecho de los Indios a la libertad y a la fe.* (AHDE, XXVI, 1956). *Ídem*: *La intervención de la Emperatriz Isabel para obtener las bulas indianas en 1537* (AEA, XIII, 1956).

24 CARRO, Obra citada en nota 23. ANTONIO TRUYOL SERRA *Los principios del Derecho Público en Francisco de Vitoria* (Madrid, 1946), ALFONSO GARCÍA GALLO: *La posición de Francisco de Vito-*

ria ante el problema indiano. Una nueva interpretación (En "Revista del Instituto de Historia del Derecho", N° 2, Buenos Aires, 1950).

25 ANTONIO MURO OREJÓN: *Las Leyes Nuevas de 1542-1543. Ordenanzas para la gobernación de las Indias y buen tratamiento y conservación de los indios* (AEA, XVI, 1959).

26 ANDRÉS HUNEEUS PÉREZ: *Historia de las polémicas de Indias en Chile durante el siglo* XVI. *1536-1598* (Santiago, s/f) JAIME EYZAGUIRRE: *Historia de Chile, I* (Santiago, 1965).

27 ALFONSO GARCÍA GALLO: *Génesis y desarrollo del Derecho Indiano* (En "Atlántida", vol. II, N° 10; Madrid, Julio-Agosto, 1964).

28 ALFONSO GARCÍA GALLO: *La ley como fuente del Derecho en Indias en el siglo* XVI (AHDE, XXI, 1951) .

29 JUAN MANZANO: *Historia de las Recopilaciones de Indias* (I, Siglo XVI; Madrid, 1950; II, Siglo XVII; Madrid, 1956).

30 DOCTOR VASCO DE PUGA: *Provisiones, Cédulas, Instrucciones para el gobiemo de Nueva España* (Ediciones Cultura Hispánica. Madrid, 1945).

31 DIEGO DE ENCINAS: *Cedulario Indiana* (Ediciones Cultura Hispánica. Madrid, 1945).

32 ALFONSO GARCÍA GALLO: *La Nueva Recopilación de las leyes de Indias en Solórzano Pereira* (AHDE, XX-XXII, 1951-1952).

33 ISMAEL SÁNCHEZ BELLO: *Los comentarios a las leyes de Indias* (AHDE, XXIV, 1954).

34 ANICETO ALMEYDA: *La glosa de Salas* (En "Revista Chilena de Historia y Geografía", N° 96, 1940).

35 JUAN MANZANO: *Las Notas a las leyes de Indias de Manuel Josef de Ayala* (Madrid, 1935). *Ídem: Estudio preliminar a las Notas a la Recopilación de Indias de Manuel Josef de Ayala* (Madrid, 1945).

36 ANTONIO MURO OREJÓN: *El Nuevo Código de las leyes de Indias* (Madrid, 1929). *Ídem: Las leyes del Nuevo Código vigentes en América* (En "Revista de Indias", N° 17, 1944). ALBERTO LA HERA: *La Junta para la corrección de las leyes de Indias* (AHDE, XXXH, 1962).

37 Sobre León Pinelo: JOSÉ TORIBIO MEDINA: *Biblioteca Hispano-Americana,* VI (Santiago de Chile, 1902). ANTONIO DE LEÓN

PINELO: *Discurso sobre la importancia, forma y disposición de la Recopilación de leyes de las Indias Occidentales*, Prólogo de Aniceto Almeyda (Santiago, 1956). ANTONIO DE LEÓN PINELO: *El Gran Canciller de Indias.* Estudio preliminar de Guillermo Lohmann (Sevilla, 1953).

38 Sobre Solárzano Pereira: JOSÉ TORRE REVELLO: *Ensayo biográfico sobre Juan de Solórzano Pereira* (Buenos Aires, 1929). *Ídem. Juan de Solórzano Pereira. Nuevos datos para su biografía* (En "Boletín del Instituto de Investigaciones Históricas". Buenos Aires, 1933-34). F. JAVIER DE AYALA: *Ideas políticas de Juan de Solórzano.* Sevilla 1948.

39 GUILLERMO LOHMANN VILLENA: *En torno de Juan de Hevia Bolaños* (AHDE, XXXI, 1961).

40 JUAN MANZANO: *La incorporación de las Indias a la corona de Castilla* (Madrid, 1948). *Ídem: La adquisición de las Indias por los Reyes Católicos y su incorporación a los reinos castellanos.* (AHDE, XXI-XXII, 1951-1952). ALFONSO GARCÍA GALLO: *La unión política de los Reyes Católicos y la incorporación de las Indias* ("Revista de Estudios Políticos Nº 50; Madrid, 1950).

41 ALFONSO GARCÍA GALLO: *Los orígenes de la administración territorial de las Indias.* (AHDE, XV, 1944).

42 ERNESTO SCHEFER: *El Consejo Real y Supremo de las Indias* (I, Sevilla, 1935; II Sevilla, 1947).

43 C. H. HARING: *El comercio y la navegación entre España y las Indias en la época de los Habsburgos* (París-Brujas, 1939).

44 J. Ignacio Rubio Mañe: *Introducción al estudio de los virreyes de Nueva España* (México, 1955). JOSÉ MARÍA MARILUZ URQUIJO: *Ensayo sobre los juicios de residencia indianos* (Sevilla, 1952). 1937). PÍO BALLESTEROS: *La función política de las Reales.*

45 RAÚL MUÑOZ FELIÚ: *La Real Audiencia de Chile* (Santiago *Chancillerías Coloniales* (En "Revista de estudios políticos". Madrid, 1946).

46 MANUEL SALVAT MONGUILLOT: *La instrucción de Regentes* (en "Revista Chilena de Historia del Derecho", Nº 3. Santiago, 1964).

47 LUIS NAVARRO GARCÍA: *Intendencias en Indias* (Sevilla, 1959).

48 CONSTANTINO BAYLE: *Los Cabildos seculares en la América española* (Madrid 1952). JULIO ALEMPARTE: *El Cabildo en Chile colonial* (Santiago, 1940).

49 JESÚS GARCÍA GUTIÉRREZ: *Apuntes para la historia del origen y desenvolvimiento del Regio Patronato Indiano* (México, 1941). ANTONIO DE EGAÑA: *La teoría del Regio Vicariato español en Indias* (En "Analecta Gregoriana", (...) Roma, 1958). ALBERTO DE LA HERA: *El regalismo borbónico en su proyección Indiana* (Madrid; 1963).

50 J. M. OTS CAPDEQUI: *España en América. El régimen de tierras en la época colonial* (México, 1959). Introducciones de Ernesto Greve y Aniceto Almeyda a las "Mensuras de Ginés de Lillo" ("Colección de historiadores y de documentos relativos a la historia nacional; tomos XLVIII y XLIX; Santiago, 1941 y 1942). JAIME EYZAGUIRRE: *Orígenes y desarrollo de la propiedad territorial en Chile* (en "Derecho de Propiedad. Tercera Semana Social de Chile". Santiago, 1966). FERNANDO SILVA VARGAS: *Tierras y pueblos de indios en el reino de Chile* (Santiago, 1962).

51 GUSTAVO ROCHEFORT: *Esquema del Derecho de minas de Chile colonial* (Santiago, 1950).

52 ANTONIO RUMEU DE ARMAS: *Código del trabajo del indígena americano* (Madrid, 1953). MANUEL SALVAT MONGUILLOT: *El Derecho Indiano del trabajo* (Santiago, 1967). ALAMIRO DE ÁVILA MARTEL: *Régimen jurídico de los trabajadores de las minas al final del periodo indiano en Chile* (Santiago, 1967). JAIME EYZAGUIRRE: *Fuentes para la Historia del Derecho chileno* (Santiago, 1952). *Historia de Chile* (I Santiago, 1965).

53 ANÍBAL BASCUÑÁN y ALAMIRO DE ÁVILA MARTEL: *Notas para el estudio de la criminalidad y la penalogía en Chile colonial* (1673-1816). (Santiago, 1941). ALAMIRO DE ÁVILA MARTEL: *Esquema del Derecho penal indiano* (Santiago, 1941). MARK DEL VALLE MUÑOZ: *El Derecho de asilo eclesiástico en el reino de Chile* (Santiago, 1952).

54 ENRIQUE ZORRILLA CONCHA: *Esquema de la justicia en Chile Colonial* (Santiago, 1942). RAÚL MUÑOZ FELIÚ: *La Real Audiencia de Chile* (Santiago, 1937). ENRIQUE RUIZ GUIÑAZU: *La magistratura indiana.* JORGE CORVALÁN MELÉNDEZ y VICENTE CASTILLO FERNÁNDEZ: *Derecho Procesal Indiano* (Santiago. 1951).

55 Javier González Echeñique: *Los Estudios Jurídicos y la abogacía en el reino de Chile* (Santiago, 1954).

56 Tomás Thayer Jordán: *Las bibliotecas coloniales de Chile* (en "Revista de bibliografía chilena y extranjera", año I, N° 11. Santiago, 1943). Almeyda, Aniceto: *El Doctor Santiago de Tordesillas* (Santiago, 1943).

57 Jaime Eyzaguirre: *Fuentes para la Historia del Derecho chileno* (Santiago, 1952).

58 Marcial Mora: *Las leyes marianas* (Santiago, 1918).

59 Enrique Cood: *Antecedentes legislativos y trabajos preparatorios del Código Civil chileno* (Santiago, 1883). Miguel Luis Amunátegui: *Don Andrés Bello y el Código Civil* (Santiago, 1885). *Ídem*: *La codificación de las leyes civiles* (Santiago, 1890). Enrique C. Latorre: *Reseña histórica de la formación del Código Civil* (Santiago, 1882). Pedro Lira Urquieta: *El Código Civil chileno y su época* (Santiago, 1956).

60 Valentín Letelier: *El Doctor Ocampo* ("Revista de Derecho y Jurisprudencia", 1908). Armando Braun Menéndez: *José Gabriel Ocampo y el Código de Comercio de Chile* (Revista de la Facultad de Derecho y Ciencias Sociales" N° 24; Buenos Aires, 1951). Enrique Testa Arueste: *Los manuscritos del Doctor Ocampo y la Historia de los Códigos de Comercio de Chile y Argentina* (En "Gabriel Amunátegui. Memoria y Homenaje". Universidad de Chile. Facultad de Ciencias Jurídicas y Sociales. 1961).

61 Actas de la Comisión redactora del Código Penal chileno. (Santiago, 1875).

62 Humberto Vázquez Machicado: *El Cuadernillo de Gutiérrez* ("Revista Interamericana de Bibliografía", N° 1-2, vol. II; Washington, 1952).

63 Aniceto Almeyda: *Libros de Derecho en el Anuario de la prensa chilena* (Santiago, 1954).

ÍNDICE

Segunda Parte
Temprana Edad Media: La aportación germánica

Tercera Parte
Alta Edad Media: La formación del Derecho castellano-leonés

Cuarta Parte
Baja Edad Media: La recepción del Derecho Común

Quinta Parte
Edad Moderna: La plenitud y expansión del Derecho español

Primera etapa:
Los Reyes Católicos y la Casa de Austria

Segunda Etapa:
La Casa de Borbón

HISTORIA DEL DERECHO NACIONAL

Made in the USA
Monee, IL
20 September 2026

63761737R00132